まえがき

思えば、全部この言葉から始まったのだ。

「僕、高校に行ってないんですよ。十六の時にナポリピッツァを食べて感動して、十七から東京のピッツェリアで働いて、十八でナポリへ行ったので」

なぜかショックを受けている自分がいた。反面、急に風の吹く場所に出たような清々しさも感じている。なんだろう？　この感覚は。

学校へ行かない道。そっちを選んでも、よかったのか……。

わずか十六歳で、「ピッツァで生きていく」人生を決めたってこと？

いきなりナポリって！

頭のなかをぐしゃぐしゃにかき回した発言の主は、吉祥寺の「ピッツェリアＧＧ」で働くピッツァ職人、中村拓巳《なかむらたくみ》である。

初めて彼のピッツァを食べたのは、二〇一一年の夏。マリナーラだった。

チーズものっていない、トマトソースにオレガノとにんにくだけを散らした最少構成のピッツァは、私のなかでは、その店の味と職人の腕前を曇りなく味わえることにおいてこの上なくピュアなピッツァ。プライベートでも取材でも、多くのピッツェリアで必ずと言っていいほど頼んできたメニューである。

だがこの夜のマリナーラは、これまでのどれとも似ていない雰囲気を持っていた。

なんというか、〝勢い〟があるのだ。

薪火《まきび》の熱を一気に吸い込んで立ち上がったコルニチョーネ（縁《ふち》）、その自由な焼き色。こんがり焼けているのにやわらかで、ときどきカリッと、フェイントをかけてくる食感。香ばしい生地も、滴《したた》るようなトマトソースも、なりたいようになっている。それでいて、どこか品がいい。

おそらくすべてが、職人の狙った一点に着地しているのだろう。そんな憎たらしいピッツァは、「狙うべき一点」がわかっていなければ不可能だ。

この職人は、上手に作ろうとしていない気がした。たとえるなら日本人が正確に話そうとするイタリア語ではなく、感情や思考から自在に引き出すネイティヴなイタリア語、という感じのピッツァ。

もしかしてイタリア人が焼いている？

窯《かま》の前を見てみたら、白いTシャツのなかで体が泳ぐほどひょろっと痩《や》せた黒髪の男の子がパーラ（ピッツァ生地をのせる長柄のへら）を操《あやつ》っていて、それが中村だった。

後日、雑誌の取材をすることになって、「男の子」と思ってしまったくらい少年っぽさの残る中村は二十五歳だとわかった。若いのに、ピッツァ職人歴は八年になるというので指折り遡《さかのぼ》ると、スタートは十七歳、まだ高校二年生の年になる。計算違いかな、と再び指を折り始めた取材者を察するように、中村がさらりと放ったのが冒頭の発言だ。

私自身の十六歳を振り返ると、学校とは、行かせてもらえる環境ならば〝毎日行くもの〟であった。たとえ行きたくない日があっても、「行かない」を行動に移すにはよほどの理由が、少なくとも私には必要だった。

しかし彼に高校へ行かなかった理由を訊ねても、「わからない」と言う。親は進学を望み、本人は重篤《じゅうとく》な病気を抱えていたわけでもなく、いじめの加害者でも被害者でもない。たわいなく遊ぶ友だちがいて、教師や学校への反抗心もとくになし。

じゃあどうしたら、本人いわく「いたって普通の学生」が、日本の高校進学率九七パーセント以上という大きな集団から離れ、たった一人でイタリアまで飛んでいくことになるのだろう？

十六歳の「ピッツァを食べた感動」一つで、みんなとは違う道、あまりにも長いその先の一生を決めることなんてできるのだろうか。あるいは雑誌の短い取材時間では語られることのない「よほどの理由」があったのか。

ともかく彼は学校へ「行かない」を選択し、そして「行った」のは〝あの〟ナポリだ。

私は二〇〇二年にイタリアで修業中の日本人コックたちを取材しているが、当時、現地で聞くナポリの話は強盗だらけだった。

「道を訊かれ、教えてあげた隙《すき》に財布を盗られた」くらいじゃ平和なほうで、「街を歩いていて、いきなり首絞め強盗に遭《あ》った」「バイク強盗にバッグを掴《つか》まれた友人が引きずられた」「タクシーに乗ったら危険なエリアで降ろされ、囲まれた（タクシーもグルだった）」「盗られても命があっただけマシ」など、身震いするような噂が飛び交っていたのだ。

イタリアのなかでも、ナポリだけは別。イタリア人自身までもがそう語り、ティレニア海に沈む美しい夕陽や海岸線、紀元前に創建された都市国家としての歴史を持つこの地は、母国からも孤立しているように思えた。

ナポリへ、「安全安心があたりまえな日本人は生きていけない」と多くが断言するあの街へ、十八歳のアジア系男子が一人で渡り、延《の》べ三年あまりも暮らしたというのである。

「……大丈夫でしたか？」

言葉を選べないまま質問すると、中村はやはり的確に意図を汲み「危険な目に遭ったかってことなら、全然ですよ」と笑った。

「それよりもナポリには、教わったことのほうがたくさんあります」

取材の帰り道、吉祥寺駅へと向かいながら、学校へ行かずにナポリへ行ったピッツァ職人の言葉と、あの勢いを放つピッツァが頭から離れなかった。

すると、隣を歩く編集者が弾むような声で言ったのだ。

「中村さんにとっては、ナポリが学校だったんですね」

一瞬、すうっと腑《ふ》に落ちた。

ああ、彼は自分の学校を自分で見つけたのか。学びたいことを学べる、がんばりたいものにがんばれる場所で、生きる力を育んだ。それが教室ではなくナポリだった、ということか。

そして大人になった彼は今、ピッツァ職人として食べ手を喜ばせながら生きている。

でも、だったら、と新たな謎が湧いてきた。

「教わったことのほうがたくさん」ってどんなことだろう。

ナポリという〝学校〟には、日本にはない何かがあったのだろうか。

ナポリピッツァとは、ピッツァ職人になるとはどういうこと？

あんなピッツァを焼く職人に、訊きたいことが溢《あふ》れ出て止まらなくなってしまった。

ピッツァ職人　目次

まえがき　1

第一章　日本で一位、世界で三位　13
ピッツァ職人世界選手権
負けたくない理由

第二章　学校　23
学校へ行く意味
自室の壁に空いた穴

第三章 ナポリピッツァの黎明期 31
イタリアに憧れて
一九九五年、ナポリピッツァ元年
『BRUTUS』の衝撃
「とにかくナポリに来い！」

第四章 二〇〇三年、東京 49
「無駄のない動きってこういうことか」
飛ぶ鳥を落とすグラナダ・グループ
ピッツァの修業事情
「僕もナポリへ行く！」「一日でも早く！」

69 第五章 一九九四年、旅人のナポリ
光と闇
「とにかく」行ったナポリ
イタリア人が鮨を握っていたらどう思う?
むかつく力
ナポリの三泣き

91 第六章 二〇〇四年、十八歳のナポリ
マフィアとゴミの街で
みんな「普通の人」なんだ
ピッツァの体幹筋肉
若者たちの時間

第七章 113
ナポリのお父さん
日本にはなくて、ナポリにあったもの
紀元前四七〇年に誕生した街で
「毎日たくさん、たくさん焼くことだ」
フランチェスコのピッツァ
「ゆっくりと行く者は、着実に、遠くまで行ける」

第八章 137
仲間
「趣味が一緒」で「似ている」二人
おもしろくないと続けていけない性格
大学出の職人
他国を受け入れ、他国にも受け入れられた者
嘘のない人
ナポリに残るか、日本に帰るか？

第九章　開店と移転　161
「イタリアンなのにパスタないの？」
フリーランスのピッツァ職人
起死回生
エルネストの薪窯
「ピッツェリアＧＧ」、三人目の職人
僕の恩人

第十章　タイトルホルダーの矜持　189
東日本大震災
日本人初の世界チャンピオンたち
歴史的、大番狂わせ
「ナポリの重いタスキ」
恩師の遺志を継ぐ

第十一章　ナポリへの恩返し　223
最後の大会
カプート杯
中村拓巳の世界大会
ナポリの父との記念撮影

第十二章　ピッツァの迷宮　245
進みたいのに進めない
コンテンポラネアの可能性
そうじゃなければいけない何か
「革新」と「伝統」の共存共栄
夢中のある人生

あとがき　267

本書は書き下ろしです。

第一章

日本で一位、世界で三位

ピッツァ職人世界選手権

二〇一九年三月。中村拓巳は今回も『ピッツァ職人世界選手権（カプート杯）』の日本大会で優勝し、ナポリで行われる世界大会への切符を摑んだ。

今回も、と書いたのは、前年も同じように世界大会へと進み、STG部門で三位入賞を果たしていたからだ。

STG。Specialità Tradizionale Garantita とは、EUの定める伝統的特産品保証のことで、ピッツァナポレターナ（伝統的なナポリピッツァ）はこれに認められている。「ナポリピッツァ」を名乗るには、素材、調理方法、造形など多岐《たき》にわたって厳格な定義が存在するのである。

大会では、この定義に添うマルゲリータか、またはマリナーラで競うことになる。

マルゲリータは、トマトソース、カンパーニア州産の水牛モッツァレッラ（フレッシュチーズ）かフィオール・ディ・ラッテ（乳牛のモッツァレッラ）、フレッシュのバジリコ、エクストラヴァージン・オリーブオイルによるピッツァ。ネーミングは一八八九年、当時のイタリア王国を統治していたサヴォイア家の女王・マルゲリータがナポリを訪れた際、イタリア国旗の赤（トマト）・白（チーズ）・緑（バジリコ）に見立てて献上されたピッツァを気に入った、という逸話《いつわ》に由来する（原形はそれ以前から存在していた）。

マリナーラのほうはトマトソース、にんにく、オレガノ、エクストラヴァージン・オリーブオイル。漁師たちが好んで食べたとされる原形は一七五〇年頃の発祥と、マルゲリータよりも古い歴史を持ち、地元では「ピッツァナポリ」とも呼ばれている。

どちらを選んでも、ナポリ人にとってのソウル・ピッツァ。ＳＴＧ部門はピッツァ職人の本領であり、大会の看板競技でもある。

「もしかして中村は、今度こそ世界で一位になれるかもしれない」

「彼ならあり得ない話じゃない」

日本のピッツァ職人たちの間では、期待を込めて、そんな噂が立っていた。

会場で、「イカワさん、ぜひ中村を取材してよ」と私に声をかけてきたのも他店の、中村よりひと回り年上のピッツァ職人だ。店の垣根を超えて、先輩からも後輩からも応援してもらえるのは人柄か、ピッツァ職人の世界がオープンなのか。

本人は、しかし人前に出るより日々の仕事を淡々と続けているほうが性に合うらしい。

長いこと大会にも興味を持たず、ほとんど参加してこなかった。

ずいぶん前、二〇一二年には第一回『ピッツァ・オリンピック』に出場しているが、これは真のナポリピッツァ協会（Associazione Verace Pizza Napoletana。略してＡＶＰＮ）日本支部から職人たちへ、「初開催を一丸となって盛り上げよう」と出場の呼びかけがあったためだという。

この世界大会での結果は、マストゥニコーラ部門で三位。

マストゥニコーラとはバジリコの古い呼び名だが、同時に、カンパーニア州にトマトが入ってくる以前の一六〇〇年代に生まれたピッツァのことも指す。生地を延《の》ばして、ラード（塩漬けにした豚背脂）、ペコリーノ（羊乳のチーズ）、バジリコをのせて焼いた、ナポリピッツァの原形ともいわれる古典ピッツァである。

ちなみに日本勢では一三人の職人たちが参加し、五人が入賞している。

マストゥニコーラのほかクラシカ（伝統）、ファンタジア（ＡＶＰＮ規定に基づいた上での創作）、アーティスティーカ（芸術）、フリッタ（揚げピッツァ）の全五部門中、一位は二名、二位が一名、三位が二名。国別でいうと、日本はイタリアに次ぐ二位だった。

中村は三位の結果を誇るわけでも残念がる風でもなく、普段の営業では作ることのない、この古いピッツァを思い切り研究できたことに喜々としていた。彼にとっては、お祭りのようなイベントだった。

以来、無縁だった大会に重い腰を上げたのは二〇一七年。

勤め先の「ピッツェリアＧＧ」が創業十周年を迎えるにあたり「この先も成長していくために、新しい挑戦をしよう」と決めたからだった。一度は出場を断ったものの、店の決定事項と申し渡されれば断りきれない。

渋々ながら、いつも通りに作ればいいんだよね？　と自分に言い聞かせて出場した、カプート杯日本大会。東日本予選ではＳＴＧ部門を難なく一位で通過したものの、全国の決勝では入賞にも残らない惨敗を喫してしまった。

大会という特殊な環境では、「いつも通りに」なんてわけにはいかなかったのだ。用意された薪窯も道具も、会場の温度湿度も違えば、それらによって生地も変わる。もちろん条件は全員一緒。だが勝負には備えが必要であり、それ以前に戦う姿勢がなければ勝てない、というあたりまえの事実に気づかされた。

「甘く見ていたんだ、僕は自分に負けたんだと。すごい悔しくなったんです」

この負けが、思わぬ火をつけた。

翌二〇一八年は、クラシカ部門（伝統的なナポリピッツァに、オリジナリティを加えたピッツァ）で日本大会優勝。世界大会では冒頭の通り、ＳＴＧ部門で三位に食い込んだ。世界で三位。でも、一位じゃなかった。

彼に湧き上がっていたのは「このままじゃ嫌だ」という思いだった。

そうして二〇一九年三月、第六回カプート杯日本大会ＳＴＧ部門。優勝者にはナポリ行きの航空券が用意される。

予選の東日本大会を勝ち進んだ中村は、千葉・幕張メッセで行われている決勝戦の舞台でマルゲリータを焼いていた。

落ち着いた表情、なんの迷いもない動き、すべてが順調。のはずが突然、あろうことか一度焼きかけたピッツァを窯から出し、別の生地を延ばし始めたのである。最初からやり直している、ということだ。

何が起こった？

会場からはわずかなどよめきと、「ああ……」と残念なムードが流れ、誰もが「中村は終わった」と予想した。

規定では、一人十分の持ち時間内であればやり直しは可能だが、タイムオーバーしてしまえば即、失格。間に合ったところで減点される。近年ではピッツァ職人の裾野《すその》が広がり、参加人数も増え、技術力は高まっているのだから、僅差《きんさ》の争いになることはわかりきっていたはずなのに。

なぜ、やり直したのだろう？

私にはは理由がわからず、ほかの職人に訊いても首をひねるだけだ。

後から本人に訊ねると、「いいピッツァを焼きたかった」と答えた。

一度目は、窯の口に生地が微《かす》かに触れたのだそうだ。するとそこだけ生地が縮み、厚みが出る分、完全に火を通すことができない可能性がある。もしかしたら気づかれないほどの違いかもしれないが、誰あろう、本人が無視できなかった。

「最後の大会にすると決めていたので、悔いを残さないように。ちゃんと、いいピッツァを焼いて終わりたかったんです」

結果発表の時がきて決勝出場者がステージ上に並ぶと、中村は一番端に、隣の出場者とも少し距離を置いて立っていた。完全に、自分にはもう関係のない発表という風情で、ただそこに居ることだけを努めているように見えた。

三位、二位と順に発表され、残るは優勝。

ドラムロールとともにひときわ高らかに呼ばれたのは、「ピッツェリアＧＧ 吉祥寺店 中村拓巳」の名前であった。

ステージ上の最も遠い場所から表彰台へ、半信半疑の足取りで歩き出し、一番高い場所に立つ。銀色のトロフィーと賞状を手渡されてやっと、勝者はほっとした表情で天を見上げた。

負けたくない理由

日本大会ＳＴＧ部門優勝。同時に半年後の九月、ナポリで行われる世界大会への出場も決まった。

彼は今度こそ自分の意志で、戦おうとしている。

「優勝とか入賞は、どうでもいいわけじゃないんですけど、そのタイトルが欲しいってわけでもない。僕はただ、負けたくない」

誰に？　それとも、何に？

「特定の誰かに、ではないですね。うん、誰にも負けたくない。何にって訊かれるとわからないんですけど。なんと言うか……僕は、ナポリとピッツァに救われたんです。僕には本当にこれしかない。だから何があっても負けるわけにはいかない。そんな気持ちです」

十六歳でピッツァと出合い、十七歳から職人になり、十八歳で単身イタリアへ飛んだ。自分が辿ってきた道には、振り返ってもピッツァしかないという。

だけど「救われた」ってどういう意味だろう？

料理の世界でいえば、私が取材してきたシェフのほとんどは、イタリアやフランスでの修業を「選んで」志した人たちだった。

若いコックはよく「今すぐ海外へ行くのがいいか、日本である程度修業してから行くのがいいか」と悩むことがあるけれど、相談を受けるシェフたちの間でも意見は真っ二つに分かれる。

日本で修業してから派は、「仕事もできないうちに海外へ行ったって、じゃがいもの皮むきをさせられるだけ。技術を身につけてからのほうが、厨房で重要なポジションを早く任せてもらえる」と主張し、行きたい時に今すぐ派は「いやいや、日本で仕事を覚えていくと、良くも悪くも日本流が染みついて海外流が素直に吸収できない。若いほうが感性も技術も吸収が早い」と応戦する。

どちらの道でも成功したシェフはいて、どちらも正解。だからこそ悩んでしまうわけだが、それはつまり、彼らには自分の意志で決められる二つの選択肢があるということだ。

対して中村の「救われた」には、一本の命綱を摑むような切実さを感じるのだ。

それは、高校を選ばなかったことと関係があるのだろうか。

〝中村さんにとっては、ナポリが学校だったんですね〟

かつて「ピッツェリアＧＧ」からの帰り道で聞いた、あの言葉を思い出した。

第二章　学校

学校へ行く意味

僕の辿ってきた道にはピッツァしかない、と中村は言ったが、職人になる前の彼にはバスケットボールがあった。

一九八五年、福井県大野市生まれ。曾祖母、祖父母、自動車整備業と米農家を兼業する父、小学校教諭の母、二学年違いの兄、の七人家族。見渡す限り田んぼばかりの土地で育った。

小学校は全生徒八〇人あまりで、同級生は一五人の一クラス。分校みたいに小さな学校だから、クラブ活動はバスケットボール部、ただ一択。

「だから、元気のいい子はみんなバスケをする。僕も小四から始めて、すぐにはまって。NBAの試合を録画して、家にいる間中ずーっと観ていました。もう、バスケの全部が好きで」

夢中になった。持ち前のジャンプ力をフルに使って、スパンッとゴールが決まった瞬間の気持ちよさ。運動神経がよく体が思い通りに動くから、できちゃうから、楽しくて楽しくて仕方ない。小学時代は背が高くセンターのポジション。中学時代は身長が伸びなかったけれど、背の低さに関してコンプレックスも限界も感じたことはないという。

自分を生かせる場所はある。

どこまでも前を向いて、本気でバスケ一本。それはアメリカのＮＢＡを目指すくらいの本気、である。

しかし突然、「限界」がきた。

中三の十一月、高校受験を控えて最後となる全国大会予選は、県大会のベスト８で敗退。まるで歯が立たない現実を、思い知った。

「自分の力はここまでだったんだな、駄目《だめ》なんだな、って。悔しくもなれないんです。そもそも夢が大き過ぎたのかもしれないし、今で言う燃え尽き症候群なのかもしれない。わからないけど、とにかくその時から、僕は全部をあきらめてしまった」

あれだけ生ききっていた日々から一転、何をする気力も湧いてこない。

それでもとにかく登校して、普段通りに授業を受けようとしているのに、椅子に座るとおなかが痛くなってくる。教室を出るとケロッと治まり、自分でも「あれ？　なんで？」と信じられないまま席へ戻ると、また痛くなる。痛いような気がするのでなく、本当に肉体が痛むのだ。

そのうちに体育の授業（体を動かす分にはなんの問題もなく、無心でいられた）以外は保健室で過ごすようになり、中三の冬には登校しない日が多くなった。

勉強が嫌いなわけじゃない、むしろ成績は悪くなかった。友だちとはどうでもいい話で笑い、教室での人間関係を気に病んだことはない。教師や学校にムカついていたわけでもなし。不安、不満、怒りといったたぐいの、強い負の感情など無縁だった。

ただ、すべてを懸《か》けていたものを失ったのだ。

それだけ、と言えばそれだけなのだが、〝すべて〟とはそういうものなのだろうか。

学校へ行かず、無気力に過ごす息子を心配した両親が病院へ連れて行くと、自律神経失調症の一つだと診断された。

中村に初めて取材をした時、彼は「高校に行っていない」と話していたが、正確に言えば入学試験は受けて合格し、数日間だけ登校している。

県立高校の普通科。高校のバスケットボール部では、また新しい気持ちでがんばれるかもしれない、と自分でも望みを懸けたのだ。

しかし練習に参加してみると、「やっぱりＮＢＡには行けない。もう本当に駄目なんだ」と追い打ちをかけられるだけだった。

勉強のほうもまた、授業を受けていない中三の二学期後半からの範囲がすっぽり抜けている。それまでの学力で入学試験は受かったものの、一学期の初めに行われたテストの成績は散々だった。

今までできていた自分が、できない自分になってしまった。かといってがんばる気力も湧いてこない。中村にとって学校生活は、バスケをがんばっているからこそ輝いていたものなのかもしれない。

「もういいやって。学校へ行く意味がわからなくなったんです」

NBAに行けない人生、バスケットボールをしない学校になんの意味があるというのだろう?

自室の壁に空いた穴

スイッチが、ここで本当に切れてしまった。

中村はわずか数日で登校をやめ、一カ月後に退学。かつての同級生や部活のチームメイトが前を見て進むなか、彼の時間だけがぴたりと止まった。

もちろん両親は退学に大反対で、顔を合わせるたびに「辞めてどうするんだ」と問いただした。

わかっている。両親の人生でもきっと一番大きな心配をかけてしまっている。それはひしひしと感じるのだが、どれほど厳しく叱責されたところで、「なぜこうなったのか」「自分のなかで何が起こったのか」「これからどうしたいのか」が本人にもわからないのだ。

ただむしゃくしゃ、もやもやして、言葉にできない代わりに壁を殴って穴を空け、部屋のものをひっくり返す。ひいおばあちゃんも、おじいちゃんおばあちゃんも、両親も、家族が代わる代わる声をかけにくるし、愛情も痛いほどわかるけど、それもひっくるめて鬱《うっ》陶《とう》しい。で、無視して昼寝だ。

「ただ、〝引きこもり〟が自分の部屋に閉じこもるっていう意味なら、僕の場合はそうではなかったです。家族以外の誰かに会うこともないけど、一人で近所をぶらぶら歩いたりしてはいたから」

歩きながら自分が何を思っていたのか、当時の頭のなかが、今となってはどうしても思い出せない。

ただ、屋根の上に登って、音楽をガンガンかけながら空を見ていた。よく聴いていたのはハイロウズの曲、という記憶はある。

「空っぽだったのかもしれませんね。やりたいことが全然、本当に全然なくて、それがつらかったんです」

やりたいこと。

現代の日本で、それが見つかっている十代はどれほどいるだろう？　と考えた。なんなら、なくちゃ駄目なわけでもない。そんなものなくたって学校には行けるし、もやもやしながらであってもとりあえず卒業する。それが彼にはできなかったということか。

情熱を注げるところがなければ生きられない。呼吸の仕方さえわからなくなってしまうのは、言い換えれば「とりあえず」ではなく、ちゃんと「生ききりたい」と魂が叫んでいたのかもしれない。

だが、渦中《かちゅう》の人はつらくなる一方だったのだ。自室の壁に穴が空くほどに。


高校を退学して間もなくのことである。

調理師専門学校に行ったらどうか、とパンフレットを持ってきたのは父だった。子どもの頃から台所に立つのが好きだったから。といっても手の込んだ料理を作るわけではなく、チャーハンをちゃちゃっと炒めたりする程度の「好き」レベルだが、両親にとっても一縷《いちる》の望みである。

すると素直に「行こうかな」と思えた。本人にも思いがけないほどあっさりと、あんなに閉じていた気持ちがなぜか、少し開いた。

「自分でも、ずっとこのままってわけにはいかないと気づき始めていたのかもしれませんね。だからといって、将来料理人になってどうこうしよう、ってところまでは考えられなかったけど」

ただ、こう感じたのだ。

「こっちなのかな」

自分の心の、微かな振れを逃さぬように、彼は一歩を踏み出した。

第三章　ナポリピッツァの黎明期

イタリアに憧れて

中村が、福井県内にある一年制の調理師専門学校に入学したのは、翌二〇〇二年四月。料理の学校へ行くと決めた時から、学びたかったのはイタリア料理である。

当時の日本はイタリアンブームの、まさに全盛期だったのだ。

一九八〇年代、「一流」の象徴であり憧れだったフランス料理は、バブル崩壊を境に人気に翳《かげ》りが見え、代わって大衆に愛されたのがイタリア料理。和食にも通じる、素材の味をシンプルに生かす発想。ジーンズでも行けるカジュアルさ。そういった親近感が、急速に支持を得たのである。

同時に、料理に限らずイタリアという国そのものがカッコいい時代でもあった。プラダの靴が歌詞になるくらい、ファッションも車もサッカーも、イタリアが輝いていた。

そうして爆発的に増えたイタリア料理店。ところが調理師を育てる学校では、西洋料理の授業といえばほぼフランス料理であった(現在ではイタリア料理の授業も導入されている)。日本は文明開化の時代から西洋料理の師範をフランスに求め、学校においてもまた調理技術の基礎としたためだ。

学校でイタリア料理を学べないとわかった中村は、自分で専門書や料理雑誌などを探し出しては読み漁《あさ》った。

それらには、これまでの人生で見たことも食べたこともない料理が載っている。実際に食べてみたいけど、紹介されているのは東京や大阪・京都の店ばかりだ。ならば、と彼は休校日に、特急列車で片道二時間かかる大阪まで通ったのである。大人の店へ十六歳男子が一人で入るわけにもいかないから、大阪在住の叔母につき添ってもらいながら。

世界がどんどん、拓《ひら》かれていく。ひと言でイタリアンと言っても、リストランテ（高級レストラン）からトラットリア（伝統料理を中心とした食堂）まである。料理自体も、北から南まで地方ごとに大きく違い、それらに加えて料理人の創作によるクリエイティブな料理も存在する。

「イタリアって、どんなところなんだろう」

かつてバスケにのめり込んだあの感覚が、戻り始めた。

広くて多様なイタリア料理にドキドキしながら、この時代、少年の目にひときわ勢いづいて見えたのがピッツァ。それもナポリピッツァだった。

一九九五年、ナポリピッツァ元年

なぜピッツァ、なぜナポリだったのか。

イタリアにフォーカスを絞って、もう少し背景を紐解《ひも》こう。

イタリア料理が全国規模の大ブームに化けたのは、一九九〇年。誕生日でもなんでもない平日の会社帰りに、「今夜ごはん食べに行かない？」のノリで友人を誘える気安さから「イタメシ」なる造語が生まれ、私たちが「ティラミス」や「マスカルポーネ」という単語を覚えた年である。

この年を開幕宣言に、イタリア料理店は雨後《うご》の筍《たけのこ》のごとく増殖していくのだが、ピッツァはまだ「丸い生地に具とチーズをのせて焼いたもの」くらいのイメージだったと思う。

本来は、日本のお雑煮が各地で異なるように、イタリアのピッツァにも地方性がある。たとえば北部ミラノは、生地を薄く延ばしたクリスピーなピッツァだし、中部のローマにくるとますます平たくなり、食感はカリカリ、具はたっぷり。南の島シチリアでは、パンのようにふかふかで四角いピッツァが存在する。大まかに言ってもこれだけ違い、街や地域の単位になればさらに細かく枝分かれしていく。

なんてことを誰も想像もしなかった日本で、なぜナポリは頭角を現したのか。私たちが、「丸くて縁が膨らみ」「もちもちっとした生地の」「薪窯で焼く」あれをナポリピッツァと認識した時期はいつなのか。

東京で言えば、イタリアンブームが始まってから五年後のことである。

記念すべきナポリピッツァ元年は、一九九五年。

この年の四月、はっきりと「ナポリ」を意識させる二つのピッツェリアが、東京・中目黒に十九日違いで開店した。

ひと足早く、四月一日に開店したのは「サルヴァトーレ」。料理人であったナポリ人の父と日本人の母を持つサルヴァトーレ・クオモが、二人の弟と一緒に、ナポリの料理とピッツァを手がけたリストランテ・エ・ピッツェリア。この店は当時から、「ピッツァ」ではなく「ナポリピッツァ」である、と明確に掲げている。

父は一九六九年から日本で働き、母と出会い、サルヴァトーレが生まれると二カ月後にイタリアへ帰国。サルヴァトーレは生後二カ月からナポリで育ち、十一歳から伯父のレストランで料理修業を始めた。

本来、和食の料理人と鮨《すし》職人が違うように、イタリアでも料理人とピッツァ職人は分けて考えられる職業。だがナポリの男である彼の父は、料理人でありながらピッツァも手がけた。父と暮らすナポリでの日常のなかで、料理も学びながらあたりまえのように身につけたサルヴァトーレのピッツァは、父のピッツァである。

一九八六年、十四歳の時に一家は揃って再来日。父は千葉県にイタリア料理店を構え、サルヴァトーレは一年間だけ手伝った後にイタリアへ戻った。

北イタリアの料理学校にも通い、料理人としてより高みを目指していた、その矢先だ。父が、重い病気に罹《かか》ってしまった。急遽日本へ駆けつけると、店はすでに経営不振で閉じられており、ほどなく父も亡くなった。

悔しかった。飲食業は「開店」がゴールではなく、店を「繁盛」させてこそなのだ。彼は十八歳。日本に残り、東京に店を出すことをこの時決めた。志半《こころざしなか》ばであった父の遺志を継いで、この日本で成功するのだ。

それにはまず、日本と、日本人を知らなければならない。

日本人が求めるものは何か。イタリア人が、東京で店を続けていくには何が必要か？

それらを学ぶため、当時会員制だったレストラン「ＸＥＸ ＣＬＵＢ ＨＯＵＳＥ（ゼックス クラブ ハウス）」に弟たちとともに入社。ここで創業者の金山精三郎と出会い、経営のなんたるかを学ぶことができた。

一九九五年、出資者を得て開店したのが中目黒「サルヴァトーレ」。二十三歳という若さであった。

ナポリ人によるナポリピッツァならば、当然、ナポリの薪窯で焼かねばならない。そこはどうしても譲れないとして、「サルヴァトーレ」では現地から腕利《うでき》きの窯職人、ナッタ―レ・フェラーラ（故人）を日本に呼び寄せて造らせている。

今でこそ日本でも〝ナポリの窯職人による薪窯〟は珍しくなくなったが、当時は誰もが、初めてのキーワードにざわめいたものだ。

「焼くって、オーブンじゃないの？」

「ピッツァの窯とは、わざわざ職人を呼ばなくては造れないものなのか」

「そもそも、窯職人って何？」

その後、食の雑誌をはじめ多くの媒体がこの疑問に答え、「ナポリピッツァは薪窯で焼く」がみんなの基礎知識となり、「本格」を謳《うた》うピッツェリアは競うように〝ナポリの窯職人による薪窯〟、あるいは〝ナポリから輸入した薪窯〟を導入することになる。

「サルヴァトーレ」の開店と同月の二十日、目黒川を挟んだ目黒銀座商店街側の裏路地にオープンしたのが「サヴォイ」である。立ち上げたのはピッツァ職人の柿沼佑武《かきぬまますすむ》（現・中目黒「聖林館」。二〇二三年夏よりアメリカ・ハリウッドで開業予定）。

彼はもともと飲食を志していたわけでも、長くピッツァ修業をしたわけでもない。元ジャズドラマーだ。好きなスイングジャズに触れていられる店をつくろう、と考えた時、かつてイタリアのナポリを旅した際に食べたピッツァを思い出した。

初めて食べるのに、なぜか「懐かしい」。その感覚はジャズにも通じるものだった。

開店当時、彼が手にしていたのは現地で半年ほど食べ歩いた記憶と、ナポリ近郊の町にあったピッツェリア「プルチネッラ」で一カ月間働かせてもらった経験のみ。ジャズとナポリピッツァが好きだからこうなった、という店で、柿沼自身も「これがナポリピッツァだ」と宣言するつもりもなければ、日本に広めたいなどと大それたことを考えてもいなかった。看板にも「ＰＩＺＺＥＲＩＡ（ピッツェリア）」の文字はなく、代わりに「ＰＩＺＺＡ＆ＳＷＩＮＧ！」と書かれていたくらいだ。

だが、時代とぴたり、嚙み合った。

私のナポリピッツァ・デビューも「サヴォイ」で、それはそれはクールな店だったのだ。木造二階建ての一階は、縦に伸びるカウンターのみ。ジャズの流れるなか、白いＴシャツ姿の職人が、黒い鉄製の窯に向かっている。

じつはこの窯、日本で手に入る薪窯を探したが見つからず、本来はガス・電気用だが薪も使える北イタリアの窯だった。ナポリとは材質も構造もまるで異なるうえ、生地に使う小麦粉もパン用しか手に入らない。日本にないものばかりの状況で、自分なりになんとか工夫して必死だったそうだが、お客のほうは心浮き立つような未知との遭遇である。

薪と生地の焼ける匂い、熱気とリズム。バンジュウ（食品を入れて積み重ねられる箱）に並んだ丸い生地を見るのも初めてなら、それをのし棒も使わず、両手だけ使って延ばす手技にも驚いたものだ。

ピッツァは「マルゲリータ」「マリナーラ」の二種類のみ、料理はブロッコロ（ブロッコリーのにんにく炒め）などシンプルこの上ない品が数品だけの素っ気なさで、それがまた新鮮。半年ほど経つと、「サヴォイ」はテレビや雑誌に取り上げられ、またたく間にナポリピッツァの寵児《ちょうじ》となった。

「サルヴァトーレ」と「サヴォイ」が、東京へ、ナポリとピッツァを連れてきた。そう言っても過言ではない。

これ以前の日本では、ＰＩＺＺＡは「ピザ」と読まれるのが一般的だったし、そもそもアメリカの食べものだと認識されていたのだ。第二次世界大戦後から半世紀あまりの日本においては、薄くてパリパリした生地かカリッとクリスピーな生地が大勢《たいせい》を占め、タバスコも欠かせない「ピザ」こそがＰＩＺＺＡであった。

アメリカの占領軍とともに日本へやってきて、アメリカ人を顧客とした日本の飲食店によって独自に育まれた食べものだから、英語読みで「ピザ」。一九七三年に日本へ上陸したカリフォルニア州のピザレストラン「シェーキーズ」、一九八五年にやってきた宅配ピザ「ドミノ・ピザ」もアメリカのクリスピータイプだ。

一方で昭和の喫茶店では、食パンを使い、ケチャップや辛いトマトソースにサラミかハム、ピーマン、水煮缶のマッシュルームやコーンをのせ、溶けるチーズをかけるピザトーストが〝発明〟されてヒットした。

イタリアンブームが到来してもなお「イタリアのピッツァ」は、ピッツェリアではなくイタリア料理店で、職人ではなく料理人が、現地で食べた記憶やレシピを参考に再現したものが多かった。

そんななか数少ないピッツェリアとして、一九八三年、東京・外苑前に開店した「ピッツェリア・サバティーニ」がある。ただしこちらはローマの薄焼きピッツァだった。

そして一九九五年の中目黒である。

「ナポリ」を名乗るこっちのピッツァは薄くもないしパリパリでもカリカリでもない、なんと、こんなにもちもちなのか！　という動揺と歓喜の波は、次第に東京の域を超え、日本中へと広がっていく。

『BRUTUS』の衝撃

テイクオフの大きなきっかけとなったのは、カルチャー誌の『BRUTUS（ブルータス）』だ。

一九九六年九月十五日号（九月一日発売）。日本におけるピッツァがアメリカあり、ローマあり、日本オリジナルありの混沌情勢だった当時、いきなり「ナポリ」を打ち出す大特集を組んだのである。

表紙には、「日本のピッツァはこれでいいのか!?」なる問いを投げつけた、センセーショナルなタイトル文字。ブルース・ブラザースよろしく黒い帽子にサングラス、黒スーツに細ネクタイの男たち三人組が、ふっかりと縁の立ち上がった何枚ものピッツァを前に何やらまくし立てている。いかにも、言っておきたいことが山ほどありそうな風情である。

この一冊が、日本のピッツァ界にもたらした功績は計り知れない。

日本国民はまず、悔い改めることから始めねばならなかったのだから。

PIZZAの母国がイタリアであり、ピザでなく「ピッツァ」と呼ばれること。タバスコをかけたりしないどころか、タバスコの食文化自体、イタリアには存在しないこと。

さらにイタリア国内でもナポリ、ローマ、ミラノなどの地方によりピッツァの形状や作り方は違い、窯の構造まで異なること。

とりわけナポリには「真のナポリピッツァ協会」なるものが存在し、ナポリピッツァには「偽物」「本物」を区別する厳然たるルールがあることも、私たちは初めて知ったのだ。


〈『BRUTUS』一九九六年九月十五日号より抜粋〉

ナポリのピッツァ協会が定める「本物はこれだ10箇条」。

一．生地の材料は、小麦粉、天然酵母、塩、水のみとする。

二．手、または我々が認めた機械で練ること。

三．発酵させた生地は、手だけを使ってのばす。

四．窯の床面に、直に置いて焼かねばならない。

五．窯は、耐火レンガと粘土でドーム形に。床面も海の砂、塩、火山の石で作ること。

六．窯の燃料は、薪、もしくは木屑に限る。

七．窯内の温度は、摂氏400度に保つこと。

八．我々の認めるクラシックピッツァは、マリナーラ、マルゲリータなど数種のみ。
九．創造力が溢れ、センスがよいものに限り、ファンタジーピッツァとして認める。
十．ピッツァは柔らかく、よく焼け、香ばしく、縁がきちんと盛り上がらなければならぬ。

※原文ママ。記事内容は一九九六年当時のものであり、その後二〇一〇年に「ピッツァナポレターナSTG」としてマリナーラ、マルゲリータ、マルゲリータ・エクストラの三種類が認定され、原材料から製法、仕上がりに至るまで詳細な規約が設けられた。たとえば四八五度に達する薪窯を使って焼き、生地は小麦粉、ビール酵母または天然酵母（日本では製パン用の生イーストも可）、海塩、水のみ。トマトソースは基本的にホールトマト、海塩、エクストラヴァージン・オリーブオイルなど。

真のナポリピッツァ。あえて〝真の〟をつけるほど強調したところに、守らなければ〝真〟が失われてしまうような、ただならぬ気配を漂わせたネーミングではないか。

その通り、ピッツァはシンプルでリーズナブル、誰にでも愛されるため世界中に伝搬できるが、だからこそ伝わる過程で変容してしまう危険をはらんでいた。

タバスコだって、古くはアメリカに渡ったナポリ移民によるピッツァが、アメリカ人の趣向によって変容したミックス・カルチャーだ。戦後、アメリカから日本に伝わり、日本人は本家のナポリピッツァを知らぬまま、「ＰＩＺＺＡ（ピザ）とはタバスコをかけるもの」と思い込んだ。

ナポリ人は「アメリカのピザが偽物」と言いたいのではなく、「ナポリのピッツァとは別」とはっきりさせたいのだ。人々が地球を飛び交う時代になった現代、そういった伝搬と変容はますます繰り返されるだろうから。

加えて、本拠地ナポリでも世代交代が進み、店や職人の独創性を盛り込んだピッツァも多くなった。新しいピッツァが生まれること、それはそれで喜ばしいけれど、だからといって伝統的なピッツァが消えていくような事態があってはならない。

一六〇〇年代に生まれたナポリのピッツァ、その後育まれたピッツェリアの食文化、代々の職人たちが受け継いできた伝統技術。それらはナポリ人の魂、ナポリの宝だ。

世界のどこで食べても、どんな時代に食べても「真のナポリピッツァ」であるように、揺らがぬ規定を作り、守っていこう。真のナポリピッツァ協会とは、そういった趣旨で一九八四年六月に創立された団体である。本部はナポリにあり、一九九六年当時、協会に認められている店は世界で七五軒だった。

『ＢＲＵＴＵＳ』に話を戻すと、表紙の男たちの正体は、この真のナポリピッツァ協会の面々であった。

来日した彼らは「ピッツァ警察」となって、「東京のイタリアン・レストランはこんなに隆盛を極めているのに、本物のピッツェリアはあるのか？」（原文ママ）を徹底調査に来た、という設定だ。

調べを受けた店は「サルヴァトーレ」「サヴォイ」を含む一三軒。まだ日本にはナポリピッツァの専門店が少なかったせいだろう、時にミラノやローマのピッツァも強引に巻き込みながら、宅配ピッツァも検証しつつ、バッサバッサと痛快に斬りつける。

薄くパリッと焼き上げたローマピッツァに「ナポリ・ピッツァのひとかけらもない」と言ったってそりゃそうだ。なのだが、ナポリ人の、ピッツァへのなみなみならぬ愛と情熱と誇りは十分過ぎるほど伝わった。


「とにかくナポリに来い！」

さて、ピッツァ警察のパトロール結果は、といえば。

彼らは、東京の若い職人たちが「なかなかいい腕やハートを持っている」とフォローしながらも「残念ながら、東京には真のナポリ・ピッツァはなかった」と報告。「真のピッツァヨーロ（ピッツァ職人。本書ではピッツァイオーロと表記）も、日本にはいない」と断言した。

忖度《そんたく》なしの衝撃的な結末だが、最後に、彼らはこう呼びかけているのだ。

「とにかくナポリに来い！」

このひと言で、どれだけの若者がナポリへ飛んだか。

その後、ナポリから帰ってきた日本人ピッツァ職人たちが、二〇〇〇年代半ばに爆発したナポリピッツァブームの立役者となった。そうして技術もスピリットも備えたナポリピッツァは一過性のムーブメントに終わらず、日本の津々浦々《つつうらうら》にまで広がり、やがて定着していくのである。

彼らの多くがこの『BRUTUS』を手にし、刺激されたと語っている。それを考えると「とにかくナポリに来い！」とはまことに責任重大な、大樹の種を蒔《ま》いてくれた発言だったと思う。

ところでこの記事のなかで、ピッツァ警察たちは真のナポリピッツァの味を「塩味がしっかり効いて、噛み応えがあるが、粘着感はなく、歯切れがいい」（原文ママ）と表現している。

粘着感が、ない？

では、ナポリピッツァ＝もちもち、が通説となったのはどこからだろう？

探してみると、食の雑誌『ｄａｎｃｙｕ』二〇〇一年三月号が、第二特集で〝もちもちピッツァ」大行進〟と「もちもち」をタイトルに掲げていた。特集内ではさらに〝生地に感激、もっちりで人気の「ナポリの秘密」を徹底研究！〟と題したページを作り、もちもちもっちりの念押しリフレイン。

「粘着感はなく、歯切れがいい」よりも「もちもち」がこんなにも祝福されたのは、日本人の食感センサーが「もちもち」に快感を覚える仕組みなのか。ピッツァ職人がその完成形を目指すのか。それとも日本で使われる粉や温度湿度といった環境の影響で、実際に現地より粘性が生まれるのだろうか？

ともかく日本人は、その食感の虜《とりこ》になった。

全国に広がったピッツァ勢力図は、パリパリ派からもちもち派へ、猛烈なスピードでオセロの白黒をひっくり返すように塗り替えられたのだ。もちもちの浸透率はファミリーレストランにも至り、私たちは戦後から半世紀も愛し続けたクリスピーな食感をあっさりと手放した。

もちろんパリパリ派も健在ではあるけれど、日本でピッツァといえば、アメリカのクリスピーでもローマのパリパリでもない、ナポリの「もちもち」がスタンダードの座を奪い取った。

第四章　二〇〇三年、東京

「無駄のない動きってこういうことか」

『ＢＲＵＴＵＳ』ピッツァ警察上陸の翌年にあたる一九九七年、じつは日本でも、第一号となる真のナポリピッツァ協会認定店（協会の審査により、正真正銘のナポリピッツァを提供していると認められたピッツェリア）が誕生している。

兵庫・赤穂《あこう》の「ピッツェリア リストランテ ＳＡＫＵＲＡＧＵＭＩ（さくらぐみ）」。一九八一年にイタリア料理を提供するカフェとして開店したが、やがてナポリに魅せられ、赤穂とナポリを行き来しながら現地のピッツァや郷土料理の普及に努めてきた、西川明男が営む店である。

西川は料理人、職人としてメニューを紹介するだけでなく、ナポリを体現するための食材や道具、薪窯の輸入業も手がけ、何より「ピッツァ職人になりたい」若者たちを育てた。認定を取得した当時、「ＳＡＫＵＲＡＧＵＭＩ」のピッツァ職人を務めていたのは、愛弟子の船曳紀三子《ふなびききみこ》である（現在は小谷紀三子。夫の小谷聡一郎と二〇〇四年に明石「トラットリア・ピッツェリアチーロ」を開業）。

認定第二号は、東京・永福町の酒屋「酒と自然食品の店ヤマザキヤ」がナポリ生まれの職人、アントニオ・ディマッサを迎えて開店した「ラ・ピッコラ・ターヴォラ」（一九九九年認定）。第三号は、日清製粉グループのフレッシュ・フード・サービスが二〇〇〇年八月、東京・広尾（当時）にオープンした「パルテノペ」（二〇〇一年認定）。こちらはナポリなど南イタリアで修業した、渡辺陽一が総料理長に就任している。

じつは、認定第四号となった店は中村の故郷、福井県の「バードランド」である。店主の小田原学は一九九七年、『BRUTUS』を読んでナポリへ飛び発った一人だ。

もともとは自家焙煎珈琲が自慢の喫茶店だったが、ナポリピッツァに魅せられて、〝マスター〟から〝ピッツァ職人〟へ。薪窯を輸入してピッツァを焼き始め（現在は日本の竈《かまど》職人、山宮かまど工業所によるピッツァ窯）、年一回、妻に店を任せてナポリのピッツェリア「オ・カラマーロ」ほかで修業を重ねること六年。着実に経験を積み、二〇〇二年二月に認定された（小田原は二〇二二年十一月より、真のナポリピッツァ協会日本支部のチーフエリアリーダーに就任している）。

中村が調理師学校に入学した時点で、真のナポリピッツァ協会に認定された店は、日本ではまだこの四軒だった。

それでも、ナポリピッツァの盛り上がりは地方の調理師学校生にも十分に届いていた。

「本物の、ナポリのピッツァってものを食べてみたい」

この時まさか福井の、それも福井市でなく郊外で食べられるなど想像もしなかった中村は大阪へ行くしかないと思い込み、夏休みにピッツァを食べに行く計画を立てた。

ＡＤＳＬののんびりとしたインターネットで「大阪」「ナポリピッツァ」を検索すると、数軒がヒット。その一軒が、肥後橋の「リストランテ・エ・ピッツェリア サンタルチア」だった。

ナポリ出身の料理人、スパノ・ステルヴィオが一九九七年に開店した、ナポリ料理とピッツァの店である。大阪ではいち早く明確に「ナポリ」を掲げ、モッツァレッラやトマトの水煮、小麦粉もイタリアから直送していた。

ここなら「本物」に違いない、と期待度一〇〇パーセントで訪れた店のピッツァは、期待を遥《はる》かに超えた食べものだった。

「一瞬で、これだ！ って思ったんです。マルゲリータでした。縁が分厚くて、白くて、ふわふわもちもちして。お餅っぽい焼けた香りがして。トマトソースがジューシーで、白いチーズが溶けて、口のなかで混ざって。わあ、うま！ って、言葉も出ないほど」

十六歳の感性全開で受け止めた、生まれて初めての食感と味と香り。

それらに加えて、中村を捕らえたのはスピード感である。

大きな大福のように丸まった生地の塊《かたまり》を、大理石の台の上で、両手でパタパタさせ魔法のように延ばしてしまう。生地が平らな円状に広がったところへトマトソースをさっと塗り、モッツァレッラやバジリコを振って窯へ突っ込む。今入れたと思いきや、あっという間に焼き上がる。

ゼロが1になるまでの時間的な速さと、それをする職人の、一秒と止まらない動きに目が釘《くぎ》づけになった。

「無駄のない動きってこういうことか、と。リズムがあって、技術があって、スピードがある。すげえ、カッコいい！　ここで働きたい！　って気持ちが湧いてきました」

夏休みが終わっても、ピッツァへの思いは膨らむ一方だ。だから就職活動シーズンを待たずして、本来なら学校の就職課を通すべき手続きもすっ飛ばして、中村は「サンタルチア」に電話をかけた。

「卒業したら働かせてください」

だが、あいにくスタッフは足りている、という返答だった。すでにナポリピッツァは上昇気流に乗っていたから、働きたい若者が多かったのだろう。

それでもあきらめきれない本人は、時間をおいて、「そろそろ空きが出たかもしれない」頃に電話をかけた。何度もかけたが、ついに卒業まで厨房の枠が空くことはなかった。

だったら、東京へ行くしかない。

大阪にもピッツェリアが増えているとはいえ、「サンタルチア」ほど強く、何がなんでも働きたいとまで思える店を探し出すことができなかった。東京ならば大阪に比べて桁違《けたちが》いに分母が多い分、働きたい店と巡り合うチャンスも転がっているのではないか。

すると学校の求人募集に、「ナポリピッツァ」の文字を見つけた。東京の株式会社グラナダ。当時、ピッツェリアを次々と出店していた飲食企業である。

この会社は一九九九年、当時は広告代理店・電通の社員でもあった下山雄司がオーナーとなり、大学アメフト部の先輩でナポリの「リストランテ・ピッツェリア マットッツィ」で修業したピッツァ職人・馬島寿宜《まじまひさよし》（現「タヴェルナ・マルコポーロ」）とともに、白金でピッツェリア「イゾラ」を開店したことに始まる。

ナポリ帰りの職人が焼くピッツァ、もちろんナポリから呼び寄せた窯職人による薪窯。粉もワインもイタリアから自社で直輸入し、一〇種類以上のピッツァだけでなくビステッカ（Tボーンステーキ）などのイタリア料理と高級ワインも揃う。白金の路地に建つ贅沢なピッツァの店は、当時の〝グルメ〟や〝美食家〟と呼ばれる人々の間で評判になった。

同社はその後、イタリアの二つ星やスペインの三つ星といった世界的に評価の高いレストランを招聘《しょうへい》したり、フランス料理のグランメゾンからイタリアのエノテカ（ワインを主体としたレストラン、ワインバーなど）、スペインバルまで。多岐にわたる飲食店を、猛烈なスピードで展開していくことになる。

二〇〇二年には丸ビル（丸の内ビルディング）が華々しくリニューアルオープンし、翌年に六本木ヒルズ、さらに翌年にはコレド日本橋、と大型商業施設が続々と竣工《しゅんこう》。時代の波に乗るように、ことごとくそれらのビルにも出店した。

グラナダの異様ともいえる急進は、若き料理人たちに支えられたが、同時に彼らを支えた側面もある。イタリア帰りの料理人が飽和状態に達した二〇〇〇年代初頭、現地で必死に修業を積み、成果を得て帰国したというのに仕事がない。そういった若者たちの受け皿に、グラナダの多くの店がなっていたのである。

彼らがどの地方の、どういう店で、何を学んできたか。シェフの修業歴や個性を踏まえて店をつくり、任せようなんて度胸を持てるのも、企業の勢いがあればこそだった。

中村が試験を受けて入社したのは、グラナダが一号店の「イゾラ」を開店してから四年、まさに開店ラッシュの渦中にあった二〇〇三年四月だ。

当時、すでに直営店は一一店舗を数えていたが、スピードは加速し、翌年末には二八店舗にも達している。その二〇店舗がイタリアンで、うち一三店舗がピッツァに関わるレストランだ（後に閉店した店舗を含む）。

毎月のように新しい店ができて、あっちの人が足りない、こっちが忙しいと、とにかく人の手が欲しい。そんなタイミングだったから、新卒の中村はもっぱらヘルプ（補助）要員として駆り出された。

決まった一店舗でなく、系列の銀座「イゾラ ブル」、白金「イゾラ」、丸の内「イゾラ スメラルダ」、銀座「イゾリーナ」など、人手が足りなくなった店へ臨機応変に派遣され、平均して一カ月ほどの短い単位で次へと移る。仕事は主に掃除、道具の手入れと準備、ピッツァや料理の仕込みの手伝いと、ホールでの接客だ。

福井から上京して、東京の銀座に白金――中村の言葉で言えば「おしゃれな街でおしゃれな店で、見たこともないような人たち」――は、脅威だった。十七歳は当然、どの店に行っても、どこの厨房でも、新入社員同期のなかでさえ最年少である。

「怖い、しかなかったです。周りは大人ばっかりで、僕なんて子どもだし喋るのも苦手だから、お客さんも怖かった。飲食業のプロにも人見知りはいるけど、営業になるとスイッチが切り替わりますよね？　でも、そのスイッチを僕はまだ持っていなかったから」

ホールに出れば、ワインが飲めない年齢でワインを紹介しなければならなかったから、色と香りによる味わいの見極め方を習い、手帳に書いて暗記する。「いつも緊張して、顔を赤くしていた」けれど、でもここにはピッツァの仕事があった。

先輩たちが焼く本番のために、トッピングの野菜やサルシッチャ（ソーセージ）、ツナといった具材の下準備をし、モッツァレッラの水切りもしておく。そのまま使うとピッツァが水っぽく仕上がってしまうからだが、水分を切り過ぎても味が抜けるため、ほどよい加減で用意しておく。それらの仕事はピッツァ職人になる以前の「いろはの、い」だが、たしかに一歩は踏み出せたのだ。

ある日、ブロッコリーを切っていて先輩に厳しく叱られたことがある。

「ただ単に小さく切ればいいってもんじゃない。房《ふさ》に沿って自然に切ることで、見た目も、火の通りや食感も違ってくると。下っ端の〝切る〟って仕事一つでも、最終的なピッツァの味につながっている。そういうことを教えてくれた先輩でした」

モッツァレッラの切り方だって、薄いとすぐ溶け出し、厚いと生っぽくなり、かといって均一でも表情がなくなってしまう。焼き上がり、口に入れた時に「いい塩梅《あんばい》のコントラスト」が生まれるように。ゴールを想像して切ることが、「切る」の意味だ。

一つひとつ、何もかもが勉強で、新鮮で、必死だった。

ヘルプ要員として回遊する店の一軒に、二〇〇三年四月、新宿三丁目の伊勢丹会館に開業した「トラットリア・ピッツェリア・コン・グリリアータ デカンターレ」（現在閉店）があった。

この店にピッツァ職人として就任したのが、ナポリでの修業を終えて帰国したばかりの大坪善久《おおつぼよしひさ》である。

「ナポリ帰りの職人、しかも長期にわたって修業された方だと噂で聞いて、うわぁすげえ！　って、もう尊敬しかないです。大坪さんは、当時グラナダで働いていた、ピッツァ職人を目指す者にとっての憧れでした」

ピッツァ職人になりたい若者が増えてはいたものの、実際に現地で修業し、帰ってきた職人はまだ珍しかった時代だ。さらには修業経験者であっても「手伝わせてもらう」程度の数日～数週間か、長くても観光ヴィザで滞在できる三カ月間。

そのなかで大坪の現地修業は二年四カ月、旅と生活を含めると延べ四年近くにも及ぶ。

リストランテの料理修業では珍しくない期間だが、ピッツァの場合、当時の事情で言えば極めて珍しい。

ピッツァの修業事情

なぜ、料理とピッツァとでは修業事情が変わるのか。

前提としてリストランテとピッツェリアでは、高級店と大衆店という違いがある。料理の場合、高級店、とりわけミシュラン星つきのような店であるほど、国内外から「勉強させてほしい」と志願する者は多い。ヨーロッパ圏内ではそういった店で働く料理人が、ヴァカンス期間などに他店で研修する「ステージ」と呼ばれるインターンシップも頻繁に行われている。

つまり「外の人」を受け入れる慣習も、受け入れられる経済力もあった。日本には現地のリストランテを斡旋《あっせん》してくれる研修機関があったし、単独で渡伊しても、日本人コックやソムリエ修業者のネットワークなどを頼りに、苦労の大小はあれど修業先を得ることは大方できた。

基本的には無給ながら、代わりに住居や食事が与えられ、小遣い程度の賃金ももらえる。本人の能力と交渉次第では給与が支払われ、イタリア人以上の高給を得ていた者も少なくない。

二〇〇三年は、イタリアのリストランテのドアを開けると日本人コックがうじゃうじゃいる、といわれた戦国期。帰国後の就職を見据えて、ライバルとの差別化のために修業は三年、五年、十年とどんどん長期化し、学ぶ地方や店のジャンルは多様化した。料理のほうではそういった背景がある。

で、ピッツァの場合。

街場で一枚三〜四ユーロほど（二〇〇〇年当時のレートでは三〇〇〜四〇〇円ほど）で売られ、大衆の最たる店であるピッツェリアには、受け入れ体制はもとより、研修という概念もはじめからない。なにしろ「ピッツァなら子どもの頃から焼いてるよ」なんて言う職人ばかりなのだから。

さらに南イタリアのナポリは、コネ社会のイタリアでも筋金入りのコネ社会。よほど信頼する人のつてがなければ、いやあったとしても、外国人を職人として雇うとか、自分たちの宝である技術をよそ者に教える発想などなかっただろう。

ナポリでピッツァ修業のルートを切り拓いた日本人は、一九九八年、ナポリ湾に浮かぶイスキア島のピッツェリア「ダ・ガエターノ」で半年間学んだ青木嘉則《よしのり》（現「ピッツェリアダ・アオキタッポスト」）である。

彼は一九九二年にイタリアを旅した際、とりわけナポリのピッツァに感銘を受けた。ミラノでもボローニャでもピッツァを食べたが、ナポリは「別もの」。忘れられない青木は、日本でナポリピッツァの店を探すも皆無である。そのためエンジニアの仕事を続けていたのだが、あの『BRUTUS』が再び火をつけた。

やっぱりナポリピッツァを学びたい。だったら本場の、マエストロの店で修業したい。まずは修業先探しのために、料理専門誌で見つけたナポリピッツァ体験ツアーに参加する。この時の講師がガエターノ・ファツィオ。『BRUTUS』ピッツァ警察として来日した、三人のうちの一人である。

帰国後、青木はナポリピッツァへの情熱をしたためた手紙を送り、この店が受け入れた初の日本人となる。以来「ダ・ガエターノ」では一〇〇人かそれ以上の（ガエターノいわく、もう数えられない）日本人ピッツァ職人を育成したという。

それはナポリの文化に敬意を持ち、彼らとしっかり人間関係を築いて信頼を得た、青木の第一歩があったからである。

とはいえ、「ダ・ガエターノ」の親日ぶりは異例ともいえる。ナポリの中心部では長らく、料金を払っての体験ツアーなどしかルートがなかったのだ。

そういった〝お客さん〟扱いのパッケージでなく、個人で修業をしたい場合、第一に自力で住居を確保しなければならない。外国人にとって賃貸交渉は至難の業《わざ》だから、現実的には語学学校などへ通い、斡旋された寮かアパートに住むことになるだろう。

肝心の修業先を探せるかどうかは、つてと運と、どちらもなければ最後は「あきらめない」ことだ。

ピッツェリアに通い詰め、熱意を持って直談判したところで、つてがなければ何度でも断られるだけ。だが、街なかで探せば「あの店は俺の知り合いだ」とおせっかいを焼く人がなぜかゴロゴロ見つかるのもイタリアである。その人の名前を出した途端、店側から「勝手に通うなら手伝ってもいいよ」などとお許しが出て入り込めたりもするのだが、その場合でも多くは無給か、それに近い。

ピッツァ修業に短期間が多いのも、こういった受け入れ体制がないことから、仕方なく期限三カ月の観光ヴィザを使うためだ。長く修業したくても、できないのである。

それが大きな理由だが、なかには「ピッツァだったら一、二カ月もあれば習得できるだろう」と踏んだ者もいる。彼らいわく「決まった型があり、材料も作り方も表現もシンプルだから」。鮨や天ぷらを誇りにしている国の人が言うのだから、不思議だなと思う。鮨も、天ぷらも、シンプルだからこそ奥深い「一生修業」の職人世界。ピッツァも同じはずである。

しかし日本人はピッツァの存在を知ったばかりだったし、異国の食を学ぶ者にとっては「料理より覚えることが少ない」イメージがあったのかもしれない。

「一生修業だとしても、とりあえず手順を覚え、帰国してから一生かけて腕を磨いていけばいい」、あるいは「日本にイタリア料理人は余っているけれど、〝これから〟のピッツァなら、たとえ数週間でもナポリ帰りと言えば通用するんじゃないか」。そう目論《もくろ》んだ人がいたのも事実。

二〇〇〇年代のナポリには、ピッツァ職人になりたい日本人たちの純愛も情熱も、野心も算段も、一緒くたになって渦《うず》を巻いていた。

「僕もナポリへ行く！」「一日でも早く！」

圧倒的に数週間の短期修業が多かった時代、大坪の二年を超える歳月はあきらかに異質であり、「やればできるんだ！」と後を追う者の気持ちを掻き立てるに十分だった。

中村もまた、数あるグラナダ系列店のなかでも、大坪のいる「デカンターレ」への派遣の日は一段とわくわくした。ナポリ現地の話を聞かせてもらえるからである。

「それがもう、楽しくて。大坪さんはナポリから帰ったばかりだったから、記憶が新しくてリアルなんですよね。〝日本では新しくてピカピカのビルのなかでピッツァを作っているけど、ナポリではボロボロの店で、さっきまで外で煙草を吸ってたタトゥの兄ちゃんがめちゃめちゃうまいピッツァを焼いたりするんだよ〟とか。向こうに〝行ってきた〟ではなくて、〝生活していた〟人の話は違うなぁと。旅行みたいな短い期間では、きっと深いところまでは見られないんだろうな、と感じました」

ボロボロの店ってどんなふうなのか。

タトゥの兄ちゃんって、それがナポリのピッツァ職人か。

それがめちゃめちゃうまいって、どんな味なんだろう？

大坪の話を繰り返し聞きながらナポリを思い描くのだが、どんなに想像しても追いつかないもどかしさもまた積もり積もる。やがて中村は、自然と導かれるようにこの結論に着地した。

「僕もナポリへ行く！」

ついでに言えば「一日でも早く！」だ。彼は、グラナダで働く大勢のピッツァ職人を束ねていたトップ、馬島へ直接会いに行き、会社を辞めたいと切り出した。

「辞めてどうするの」

「ナポリに行きます」

　すると馬島は、ちょっと話そう、と愛車のマセラッティに中村を乗せて銀座のカフェへ場所を移した。

「ナポリに行ったって、仕事なんてないから」

　そう諭《さと》す本人は、ナポリの「マットッツィ」で約二年間ピッツァを学んだ人である。彼もまた珍しい、年単位の修業期間。だからこそ、馬島の言葉は現実であり、真実でもあった。

　先の通り、ナポリ修業の門は限りなく閉じられていたのだ。彼だって当初、ピッツァの学校があると聞いてはるばるイタリア・ナポリまで飛んだというのに、着いてみればそんなものはなかった。自分の場合は縁に恵まれてたまたま店に拾ってもらえたが、何軒ものピッツェリアに断られ、ナポリの街や人にも馴染めず、敗北感を滲ませて帰国する日本の若者を少なからず見てきたのだろう。

　たとえ運よくピッツェリアに入り込めたとしても最初はタダ働きだろうし、ずっとタダ働きかもしれない。ナポリでの修業とは、生活の補償など何もないまま丸腰で魑魅魍魎《ちみもうりょう》のなかに放り出されることなのだ。

「お前はまだ十七歳じゃないか。この会社でも一年経っていない、仕事も何も覚えていないというのに、現地に行って何ができる？」

自分の上司のさらに上にいる雲の上のような存在だから、馬島とはほとんど話したことがない。初めての会話らしい会話が辞める話であり、「ナポリは無理」という一刀両断な言葉だった。

それでも、だ。グループの看板を張るピッツァ職人の凄《すご》みや、マセラッティの迫力をもってしても、気持ちに火のついた十七歳は止められない。

「なんとかなる、というか、何を言われたってもう行きたい！　今なんだ！　行っちゃおう！　って」

旅行でも食べ歩きでもなく、ナポリでピッツァの仕事を覚えるために行くのだ。

四月に入社した中村は、その年の十二月に辞表を提出。すると、あのブロッコリーの先輩にまた叱られた。

「これからなのに。なんで何も言わず、勝手に辞めるんだ」

そう言われて、やっと中村は「もしかしたら」と気がついた。

厳しい先輩は、幼い自分を誰よりも気にかけて、育てようとしてくれていたのかもしれない。なのに相談もせず、勝手に走って一人で決めて、お世話になった人たちの愛情や期待などまったく考えもしなかった。

申し訳ないことをしたんだ。心がチクッとはしたものの、それでも頭のなかにはもうナポリしかなかった。

周りの誰もがナポリ行きを反対するなか、止めなかった上司が一人だけいる。ほかならぬ大坪である。

「大坪さんと出会って現地の話を聞かなければ、道は違っていたかもしれません。あの時期、グラナダに大坪さんがいたことは、僕にとってすごく大きなできごとでした」

大坪は彼に、どんなナポリを語ったのだろう。

福井から上京したばかりの少年を、居ても立ってもいられないほど駆り立てた大坪のナポリとは、どんなものだったのか？　私もまた訊いてみたくなった。

第五章　一九九四年、旅人のナポリ

大坪善久は二〇一〇年から、東京・日本橋堀留町でピッツェリア「イル・タンブレッロ」を営んでいる。

古い問屋街に建つ店は、外国みたいに高い扉、高い天井。ざっくりとしたコンクリート壁に、ナポリの土産物屋でよく売られているタンブレッロ（タンバリン）や、ナポリをセリエA優勝に導き、彼らの〝神〟となったディエゴ・アルマンド・マラドーナの肖像画。片隅には、ナポリの路地に多く見られる祠《ほこら》のごとく、キリスト像が祀《まつ》られている。

旅の匂いのするこの場所をつくり上げた大坪は、オーナーにして毎日窯の前に立ち、焼き続ける現役のピッツァ職人。じつは二〇一九年の第六回カプート杯日本大会決勝会場で、「イカワさん、ぜひ中村を取材してよ」と声をかけてきたのは彼である。

あの時、なぜ？　発言の真相を本人に訊いてみた。

「中村は、ちょっと特別なんですよね。だって〝ナポリピッツァをやりたい〟って、『デカンターレ』に来たのが十七です。驚愕《きょうがく》ですよ。もうちょっとウロウロしていい年なのに、人生を決めちゃった。俺なんか二十六までウロウロしてたのに（笑）。

それで、まっさらだから何でもグングン吸収していくでしょ。揚げたピッツァを作ってやると、おいしいです！　ってペロッと食べて、作り方を教えてやれば、それぱっかりずーっと作ってる。何をやってもおもしろい。そんな、まだ子どもって言ってもいいくらいの年齢でナポリに行ったもんだから、ピッツァというものが体に入ってるんだよね。目の前にある状況、状況に反応して体のほうが勝手に動く。

僕は、ピッツァの仕事で一番大事なのはやっぱり〝焼き〟だと思っているんです。薪の火をどうコントロールして、その日の生地にどう対応していくかということ。彼はやっぱり、説得力のある焼きをしますよね。そんな中村のピッツァが世界大会でどこまでいけるか、僕が楽しみなんで、追いかけてみてよって思ったのかな」

その「まだ子ども」を、かつてナポリへと旅立たせた張本人が大坪だということを、彼は自覚しているのだろうか。訊ねると「俺、なんか言ったかなぁ？　ああ、言ったな」と白状して、くしゃっと笑った。

大坪は、十九歳の時にシベリア鉄道の一人旅をして以来、旅に魅了されてきた人だ。旅のために働き、帰ればまた次なる旅のための日々が始まる。一九七二年生まれ、福島県会津若松市の出身。故郷にいても上京しても、勤め先でも遊んでいる時も、どこで何をしていても彼の中身は旅人だった。

ナポリを訪れたのは、二十二歳の夏だ。

バックパックを背負って七、八カ月間ヨーロッパを転々とした時、最終地点は、雑誌『エスクァイア』の特集「ナポリへ、ようこそ。」（一九九四年六月号）で知ったイタリアのナポリと決めていた。

表紙の写真――ナポリにいくつかある骸骨寺《がいこつ》の一つ、フォンタネッレ納骨堂。暗闇に転がる無数の骸骨と砂埃《すなぼこり》、そこへ注ぎ込む光のひと筋――が、目に焼きついて離れなかったのだ。今思えば、光と闇、生と死のような匂いにどうしようもなく惹きつけられてしまったのかもしれない、と後に彼は語っている。

ともあれ当時は、いつもの旅のように終着点を決めただけだ。ただ単純に、その場に身を置きたかった。観光とも違うし、ましてやピッツァが目的などではまったくない。

街をぶらぶら歩いて、おなかが空いて、そういえば『エスクァイア』にピッツァの店が載っていたなと思い出した。

「アンティーカ・ピッツェリア・ダ・ミケーレ」。ナポリにおけるピッツァの礎《いしずえ》を築いた一四の系譜の一つ、コンドゥッロ家のミケーレ・コンドゥッロが、一八七〇年に創業したピッツェリアである。「ピッツァは丸」の概念など気にせず大きくのびのびと広げられた生地は、薄いのにやわらかく、しなやかな食感を成立させている。

「これがうまくて！　マルゲリータとマリナーラの二種類しかないんですけど、三日連続で通ったんです。初日は一人で、二日目は知り合ったドイツ人と、三日目はフランス人の女の子と」

世界を旅してきた彼にとって、ナポリは「ヨーロッパっぽいものとアジアっぽいものがぐちゃぐちゃになっているような場所」だったという。日本人がイタリアに抱いている「太陽」や「アモーレ、カンターレ、マンジャーレ（愛して、歌って、食べて）」だけじゃない、混沌《ぐちゃぐちゃ》。そしてあの光と闇。

ゴシック様式の教会からバルコニーの朽《く》ちたアパートまで、建物がぎっしりと並び、その隙間を縫うように古い石畳の路地が延びる。強い日差しが届かない路地裏はシャットダウンされた闇に転じ、角を曲がると再び目の眩《くら》むような日差し。光も、闇も、強烈なコントラストで共存していた。

大坪は日本でさまざまな職に就きながら、旅費が貯まるとバックパックの荷造りをする日々。ひときわナポリに魅せられ、約十カ月暮らしたこともある。「だったらいっそ、旅とイタリアを仕事にしてしまおう」とイタリアに特化した旅行会社へ就職し、仕事で訪れた何度目かのナポリで、予言めいた言葉が降ってきた。

〝ピッツァ職人を生業《なりわい》にできれば、きっと幸せだ〟

「なんでかなぁ。僕は中村のように、すごくピッツァが好きっていうわけでもなかったし。いや、もちろんおいしいし、大好きですけど、ピッツァが好きでたまらないという理由ではなかったです。ナポリの郷土料理のほうも大好きですし」

彼の心を捉えたのはむしろ、ピッツァを作る「人間」のほうだ。

ピッツェリアで働く職人たちの、大坪の言葉で言えば「ギターのカッティングみたいなリズムを刻む」躍動感とみなぎる生気。クラクラするほど速く、強く、美しい。

ある日大坪は、職人たちが勝手口で煙草を吸う光景に出くわした。

一人は髭《ひげ》を蓄え、ぴったりとしたTシャツからむき出しになった腕はすさまじくタトゥだらけ。もう一人はたっぷりと太っていて、鋭い目つき。「いかにも悪そう」な二人組が、休憩時間に煙を吐きながら爆笑している。

ナポリはやっぱり光と闇のコントラストだ、と思った。

「その二面性が、すごくよかったんです。悪そうに見える彼らだって、店に入れば真面目に、それ以上にプライドを持って仕事している。で、やることやったら、ブチッとスイッチを切るわけです。オンとオフに緩急をつけて、瞬間、瞬間を楽しんでいる。なんて自由な人たちだろう、と感じました」

彼らは時間に拘束されたり、誰かに仕事をさせられているのではなく、自らが決めて働いている。いわば、意思ある自由。

「全員がそうだから、誰かと誰かがいつもぶつかり合っているし、それぞれが主張し合って全然まとまらず混沌としています。でもそれこそが圧倒的な魅力で。混沌の世界に身を置いていると、こうじゃなきゃいけない、こうあるべき、なんてなくていいんだなと思えるんです。僕にとってはすごく居心地がいい。ただ、混沌に不自由を感じる人にとっては地獄かもしれませんけどね」

「とにかく」行ったナポリ

ピッツァ職人への思いを漠然と抱き、三カ月間、確かめるようにナポリで生活したのが二十七歳の夏。確信を持ち、より滞在期間の長い就学ヴィザを手にナポリへ戻って来たのは二〇〇〇年の春で、大坪は二十八歳になっていた。

かつて『BRUTUS』ピッツァ警察は「とにかくナポリに来い！」と呼びかけたが、大坪は本当に、修業先となる店のつてはもちろん、あてもなく「とにかく」行った。働けるならどこでもいい、とナポリの街を歩いていたら、港で日本人に会った。先にピッツァの修業に来ていた広島出身の青年で、「働き口なら、アドルフォのところに行ったらええやん」と気前よく教えてくれた。

アドルフォ・マルレッタ。七歳からピッツェリアで働いていた職人であり、リストランテ・エ・ピッツェリア「ラ・スパゲッタータ」（現在閉店）のオーナーであり、ナポリピッツァ職人協会副会長。いつもいろんなピッツェリアから、「職人がいなくなった」「人手が足りない」などの相談を受けているキーマンだ。

大坪はさっそく地図を手がかりに、ヴォメロ地区にある彼の店を訪ねた。

ナポリでも山の手の、主に中産階級が暮らす落ち着きのある街。お客は観光客でなく地元住民ほぼ一〇〇パーセントで、いつものお客がいつものピッツァを食べるから、いつもの味でなければ許されない。

ちなみに「リストランテ・エ・ピッツェリア」とはレストラン&ピッツァの店という意味で、ピッツァのほかに前菜やパスタ、肉・魚料理といったメニューも揃えている。対して単独の「ピッツェリア」とは、ピッツァの専門店である。メニューは基本的にピッツァ、プラス揚げ物くらい。日本の蕎麦屋《そば》における、蕎麦と蕎麦前、みたいな関係だ。

「ラ・スパゲッタータ」には料理もあるが、何はともあれ、ピッツァを食べてみることにした。六年前の気楽な旅とは違う、修業先を探すためのピッツァの味は、はたして。

「絶妙に絡み合ったモッツァレッラとトマトソース、香ばしい生地が、口のなかに〝飛び込んで〟きたんです。得も言われぬ三位一体ですよね。それはもう、感動しました。生地が重くないし、もちもちし過ぎてもいない」

当時の主流である大きく延ばした食べ応えのあるピッツァに対して、小ぶりで厚みはあるが重くないこの店のピッツァは、異端にも思えた。

だが地元密着のピッツァは、観光地の流行に左右されないピッツァともいえる。ひと言でナポリピッツァといっても、地域、店、系譜、職人などの条件によって、さまざまな枝葉に分かれているのだった。

この店で、大坪は修業できることになった。とにかくであろうが、行けば予期せぬ出会いがあり、想像を超えた展開が待っている、かもしれない。ないかもしれない。でも、行かなければ始まらない。これまでの人生、大坪はそんなふうに歩いてきたのだろうか。

「一番の問題は、店に入れてくれるかどうか。入り込めたらまかないくらいは食べられるだろうし、食べるものさえあればなんとかなりますよ」

バックパックの旅で培《つちか》ったタフな精神を持って、彼はなんとか〝した〟。

イタリア人が鮨を握っていたらどう思う？

言うまでもなく、大坪には日本での修業経験がない。だが「ラ・スパゲッタータ」では、なんでもすぐに「やってみろ」。焼いてみろと言われれば、焼くしかない。

四六時中、土壇場だ。それでも現場に立ってとにかく体を動かし、同じ手順を何十回も繰り返すうちに、できなかったことができていく。それが「仕事を覚える」ということ。ナポリで初めてピッツェリアの厨房に立った彼は、そうして一つひとつの作業を覚えた。

先に書いた通り、アドルフォにはいつも同業者からSOSの電話がかかり「誰かいないか？」との要請がある。すると「日本人でもいいか？」と返し、OKとなれば大坪はその店へ派遣される。

いちいち「日本人」を確認するのは、アドルフォいわく、誰も日本人がナポリピッツァを焼けるなんて思っちゃいないし、店にいるだけでナポリ人の客はギョッとするから。

「お前が鮨屋に入った時、イタリア人が握っていたらどう思う？」

差別だなんだじゃない。歴史上ピッツァはずっと、ナポリの、ナポリ人による、ナポリ人のためのソウルフードだったのだ。

彼が派遣されるのは、すなわち「日本人でも構わない」と答えるほど逼迫《ひっぱく》した状況の店になる。街場の店だろうがホテルだろうが、いずれにしてもその厨房は緊急事態だ。

「だいたいが初めての店で、当然のように説明もないので、まずは冷蔵庫の扉を開けます。これが生地かなと思われるものがある時もあれば、ない時もある。生地はどこ？　と誰かに訊いてもわからないと言われるだけなので、粉はどこ？　と訊く。すると粉ならここだよと教えてくれるので、自分で生地を練り始めるわけです」

開店時間から逆算して発酵の時間が足りないとしても、イースト（酵母）の量や捏《こ》ね方でなんとかするしかない。小麦粉も使ったことのない銘柄や種類かもしれない。機材の有無、食材の位置、薪窯の大きさや状態、それらを一つひとつ整理しながらピッツァを形にし、営業し、もちろんお客の満足も得なければならない。

「お前なんか駄目だ！」と吐き捨てられるか、「すごくいいピッツァだった。来週もまた来てくれ」と片手が差し出されるか。答えはいつだって明白に出る。

なんとかするしかない、の最たる経験は、南イタリア・カラブリア州にある海辺のリゾート地、ヴィーボ・マリーナへ派遣された時だった。

ビーチに面してキャンプ場やバンガロー、プール、リストランテを抱える施設のなかに、一〇〇席規模の大きなピッツェリアがある。そこで夏の四カ月半、住居と食事、日本円にして月一二万円ほどの給料ももらえる好条件。

しかし、現地へ着くと薪窯はナポリピッツァの構造とは違う、パン用の窯だった。ナポリピッツァがドーム形の炉内であるのに対し、角型で、しかも二五〇グラムの生地が一二枚は焼けるほどドカンと大きい。燃料はオリーブの木で（ナポリでは橅《ぶな》や樫《かし》など、日本では楢《なら》の木が多い）、薪というより丸太に近い直径二〇センチほどの太さ。さて、どう火をつけていいのかもわからない。

そんな状況でオープンした六月、暑さで生地が発酵し過ぎてしまった。そんな生地こそ高温で焼かねばならないというのに、窯の温度がどうしても上がってくれない。職人は大坪ただ一人。当日は満席のうえ二〇名以上の団体客も入っていて、ピッツァが彼らの前に現れるまで、しびれを切らすほどの時間がかかってしまった。

翌朝バールに立ち寄ると、いつも「ヨッシー！」と明るく声をかけてくれるバリスタが目を合わせない。やがてカメリエーレ（接客係）が「荷物をまとめたほうがいいんじゃない？」と耳打ちし、シェフは「東京行きのチケットは買った？」とからかってくる。

つまりオーナーが怒り心頭、という意味だ。

クビと言われても、アドルフォの顔に泥を塗るわけにはいかず、失った信頼を取り戻さなければナポリには帰れない。

大坪は針のむしろに留まった。そんな折りだ。「ラ・スパゲッタータ」で仲のよかった兄弟子が、「どうしてる?」と様子を気にして電話をくれた。

「ナポリでやっていた通りにしているのに、どうしてもうまくいかない」

ぽろりとこぼすと、彼はあたりまえのように答えた。

「ナポリと同じじゃ駄目さ」

ヴィーボ・マリーナはナポリより四〇〇キロも南にあって、気温も湿度も気候も違う。窯の構造も違うのだから、と。

「生地は硬く作ったほうがいい。イーストは一〇リットルの粉に対して一〇グラム。七割がた発酵が進んだところで冷蔵庫に入れ、発酵を止めておいて、営業の二時間前になったら取り出す（常温に戻す）。オリーブの木は油分が多くて火がつくまで時間がかかるけど、いったん燃え始めたら長時間持つから、朝起きたらすぐ火をつけな」

この言葉で、助かった。

だが、ほっとする以上に感じたのは経験値の違いだ。いつも一緒に遊んでふざけたことばかり喋っていたけれど、大坪があれほど悩んだ難問に、ナポリ育ちの、若いが職人歴の長い彼は一瞬で答えを出せる。

日本人の自分は、無意識のうちに「ナポリのやり方」にとらわれていた。

ここはナポリではない。条件が違うのだから、同じ、では駄目なのだ。同じであるべきなのは、プロセスより着地点、焼き上がったものがナポリピッツァであること。そこへ向かって臨機応変に考え工夫する、対応力こそがピッツァ職人には不可欠なのだった。

あらためて、生地の様子を見ながら発酵温度を調節し、オリーブの木にゆっくり火つけをしていく。すると窯の熱が変わり、生地が変わった。

数日後、地元中学生五〇名の団体が来た時には、五〇枚のピッツァを二十分ほどで焼き上げた。引率の教師が、後からわざわざオーナーに「すごくおいしかった。ありがとう」とお礼のメッセージを届けるほどの大成功である。

翌朝、一週間も口をきかなかったバリスタが、「チャオ！　ヨッシー」と調子よく迎えてくれた。

むかつく力

それにしても、大坪は下を向かない。

私がこれまでイタリアで修業するコックたちを取材して感じたのは、日本人は心折れやすい、という事実だった。

イタリア人独特のからかうような軽口や悪ふざけは、彼らには冗談のつもりでも、耐性のない日本人は傷ついてしまう。激しい感情の起伏《きふく》にもついていけないし、ストレートなもの言いをされれば打ちのめされる。

もしも昨日まで打ち解けていると思っていた全員に冷たく当たられたら、たぶん本当に荷物をまとめて帰ってしまうか、店を移るか、別の地域に移動するか。あるいは逆に、自分が悪いのだと思いつめて心のバランスを崩してしまうかもしれない。

けれど大坪の心は、小枝の一本も折れなかったという。

「イタリアじゃあ、むっかつくなぁ！　あいつら！　みたいな〝むかつく力〟が大事なんですよ。むかつくけど、だったら、どうしたらあいつらに認めてもらえるだろう？　とジタバタすることが修業。僕の場合は気に病むよりも、認めさせる方法を、具体的に考えていました」

今回の、未熟さゆえのピンチは兄弟子のおかげで救われた。だが、救ってくれるイタリア人がいたのは、大坪がそうして周りに「認めさせ」ながら、一つひとつの信頼を重ねてきたからにほかならない。

ナポリへ戻ると、次に働いたのは「ラ・スパゲッタータ」のある山の手から一転して、下町にあるピッツェリア「ピッツェ・エ・ピッツェ」である。

ピッツァのほか、パンツァロッティ（じゃがいものコロッケ）、パッラ・ディ・リゾ（ライスコロッケ）、フリッタティーナ（ベシャメルコロッケ）といった揚げ物が名物で、スナックや、ピッツァ生地で具を挟んだパニーノも作る大衆的な店。ここに来たのは、ナポリを代表するもう一つの食文化、揚げ物を覚えるためでもあった。

テイクアウトが大黒柱であるこの店は、とにかく忙しい。朝は小学生が、昼はビジネスマンが一個単位で買いに来て、コロッケなら一種類につき一日二〇〇個が売れていく。

大坪は朝九時からフリッタティーナに入るブカティーニ（芯に空洞のあるロングパスタ）を一〇キロ、パンツァロッティ用のじゃがいも一〇キロをそれぞれゆでる。続いてパッラ・ディ・リゾ用の米を一〇キロ、硬めのリゾットのように炊いておく。生地の仕込みは二〇リットルで、夜の営業が始まる前にもう一回二〇リットル。

「そりゃあ毎日うんざりですよ（笑）。仕込んでいると、十時に隣の八百屋のオヤジが来ます。その長男が来て、長男の友だちが来て、次男が来て、次男の友だちが来ます。十一時になると僕の周りに九人くらい集まっていて、全員が毎日同じ話をしています。ほぼ変わり映えのない、同じ話。ヨッシー、歌ってよって言うから歌って、ギャハハと笑って。毎日同じメンツで、同じ話と、同じことの繰り返し。ナポリの人はきっと一生、そうなんですよね。それが彼らの日常だから、逆に、何かが欠けちゃいけないんです」

明け方の四時まで遊んでも大坪は九時に出勤するが、一緒に遊んだイタリア人は十時くらいに現れて、眠そうな顔で煙草を吸ってからようやくのっそりと体を動かし始める。彼らは昼食の後に一度自宅へ帰って昼寝もする。だから再び店に現れる十九時頃には別人のように元気、そして営業後にはテンション高く、また飲みに行こうと誘ってくる。

大坪はといえば、日本人の生活リズムにない昼寝はできなかった。朝から晩まで店にいて、数十分の仮眠でごまかす毎日は、しかし苦ではなかったそうだ。置かれた状況に抗《あらが》わず「そういうものか」と受け入れて、ナポリのリズムを楽しんでいた。

ナポリの三泣き

大坪ははじめからナポリの「光と闇」に惹きつけられてこの街へ来たのだから、人々が決して陽気でフレンドリーな一面ばかりではないことは承知の上だ。だが、想像以上だった。わりあいどこにでもするりと馴染む彼でさえ、最初から受け入れてもらえたわけじゃない。

もちろん観光で訪れる分にはウェルカムしてくれるが、生活して初めてわかる素顔の街は、保守的かつ多分に排他的。大坪は道を歩いているだけで、物を投げつけられたこともあるほどだった。

「ただ、それは僕のほうも悪かったんです。ナポリの人がしないようなことをしていたから。長い髪の毛を逆立てて、ダメージ加工で穴だらけのジーパン履いて。すると、ストラーノ！　ファッツォ！　って言われるんです。おかしいとか、奇妙だっていう意味。彼らは〝奇妙〟なものに対してものすごく抵抗感があるんです」

だからなのか、五回も通ったトラットリアでさえまったく打ち解けてもらえない。でも大坪のほうはこの店を、大いに気に入っていたのだ。長い年月をかけてアンティークになった照明も、黒板から選ぶ興味深いメニューも、いかにもポーランド系移民の風貌《ふうぼう》をした店員も、彼いわく「博物館みたいな」お客らも。

ここで認められたい。初めてそう思った大坪は、美容室に行って「ナポリ人みたいにしてくれ」と頼んだ。髪を短く刈られ、もみあげを剃《そ》られ、ツーブロックのような、ものになった自分が鏡に映る。ハードロックからの落差たるや。ああ、と凹《へこ》みつつも同僚たちが着ているような青いシャツを買い、手持ちの中で一番綺麗なジーパンと一張羅《いっちょうら》の革靴を履いて、例のトラットリアへ繰り出した。

するとコロッと態度が変わったのだそうだ。

女主人は「今日のあんたはかっこいいね」と声をかけ、カメリエーレも微笑みかける。店を出ると、いつも「ストラーノ！」とからかっていた男たちが「カッフェ？」と話しかけてくる。カッフェ（エスプレッソ）を飲みたいんだったらこの店だ、と彼らの馴染みのバールに連れて行ってくれた。

大坪がやっと街に受け入れてもらったのは、まずは自分が、街を受け入れる努力をしたからだった。

「奇妙」とは「人とは違う個性」を指すのでなく、きっと「異文化」なのだろう。よその人間が異文化を乱暴に持ち込むことは、本人にそのつもりはなくとも、土地の文化を否定する意思表示にもなる。ナポリでは、否定する者に対しては徹底的に扉を閉じるけれど、逆に肯定する姿勢を見せたなら扉は開く。

「外国人でも、自分たちの文化を理解しようとする人に対しては、一〇〇パーセント抱き締めてくれます」

大坪の故郷、福島県会津には「会津の三泣き」という言葉があるそうだ。

会津を訪れた人は、一に「とっつきにくさ」に泣き、二に「優しさ」に泣き、三に「去り難さ」に泣く。

ナポリも同じで、そして二泣きに至るまでには時間がかかる。

たとえば、白いんげん豆のスープにパスタを入れて煮込む「パスタ・エ・ファジョーリ」や、炒めた香味野菜とじゃがいもにお湯とパスタを加え、じゃがいもを崩しながら煮込む「パスタ・エ・パターテ」といった家庭料理がある。

それぞれ直訳すれば「パスタと白いんげん豆」「パスタとじゃがいも」というシンプル極まりない呼び名で、和食で言えば、台所にある食材でちゃちゃっと作る雑炊のようなポジションだろうか。

はじめのうち大坪は、なんでこんなぐちゃぐちゃな料理をおいしがるのか、わからなかった。けれどこれらを食べて「ほっとする」と感じるようになった頃、ナポリ人は大坪を認めてくれた。

「ああ、こいつはもうわかってるな、俺たちと一緒だなと」

ここからやっとナポリは優しく、温かく、情の深い街になり、気づけば去り難くなっている。逆にその一線まで持たなければ、馴染めないまま、嫌いなままで日本へ帰ることになる。

二年四カ月に及ぶナポリでの修業期間は、彼を泣かせた。

それまでアジア、アメリカ、ロシア、北欧、東欧など旅を繰り返し、「旅とは結局、目的地を求めるものではなく、移動することそれ自体なんだ」と思っていた。だから移動している限り安心で、どこかに着いてしまうと、逆にすぐに移動しなきゃいけないんじゃないかと、いつもそわそわしていた。

しかしナポリを去り日本へ戻る時に、大坪は気づいたのだ。ここが僕のディスティネーション（目的地）だったのだな、と。

第六章　二〇〇四年、十八歳のナポリ

マフィアとゴミの街で

二〇〇三年十二月にグラナダを退社した中村は、すぐさま身の回りの準備を整えて、たった二カ月後の二〇〇四年二月、待ちきれないようにナポリへと飛んだ。

この時十八歳。東京で遊ばず、無駄遣いせず律儀《りちぎ》に貯めた九カ月分の給料は、一〇〇万円ほどになっていた。

正確に言うと、二度目のナポリである。

一度目は前年の春。調理師専門学校を卒業した後、一週間のツアーに参加したのだ。宿泊のほか伝統料理店でのディナー、料理教室やモッツァレッラ工場の見学が組み込まれた団体旅行とはいえ、十七歳の初海外がナポリの一人旅とは。

自由行動もたっぷり三日間あり、中村は三日ともピッツァを食べた。

危ない街だと聞いていたから夜の外出は控えたものの、朝から夕方までの間に回れるだけの店を回る。

「初めての時はビビりましたよ。怖いなぁって、ずっとガチガチに用心していました」と言いつつも、たった一人で場所を探し歩き、英語もイタリア語も話せないまま店に入って注文をするのだから、ずいぶん高いハードルを飛び越えているじゃないか。

「マルゲリータって言うだけだし（笑）。あの頃は基本のマルゲリータを食べなきゃいけないと思い込んでいたから、毎回マルゲリータでした。今となっては、生地の味を知りたければ生地を食べればわかるんだから、なんでもよかったのにと思うけど」

それでも全然、飽きなかった。一店一枚を、昼間だけで一日三〜四軒。日本人にとっては容赦ない大きさのピッツァを、育ち盛りの食欲と体力をフルに使って食べまくる。

カメラで写真を撮り、メモもして。と言うので見せてもらったら、手のひらに収まるほど小さなメモ帳に、収まりきらない様子のコメントが書かれていた。授業ノートみたいな真面目な文字で、毎日、その日の天気も「☀／☁あたたかい」「☀暑いくらい」など体感温度とともに添えてある。

生地に塩味がよくついていた。若い人がやっていて、延ばすのは早いが火の具合が悪かった。——なんて偉そうですよね、と現在の中村は笑うけれど、十七歳の言葉はどれも素直な驚きと好奇心に満ちている。

『いつもの香ばしい匂いとちがういい匂いがした』

『時間がたつとすごく固かった』

『生焼けでシャンプーの匂いがしてまずかった。チーズもとけていない』

『モッツァレッラはちょっと変わった味がした』
『こげ味が強かったが、それがまた良かった』
『生地はとてもやわらかく、冷めてもやわらかかった』
『食感は固めだけどふっくら』
(原文ママ)

たった三日間だが「ひと言で〝ナポリピッツァ〟といっても、お店によって味はずいぶん違うんだな」とだんだんわかっていく。なかでも、最後に再び味を確認したいピッツェリアがあった。

やはり「ダ・ミケーレ」で、メモにはこう書いてある。

『大きくてうすめなのにパリパリしすぎず、やっぱりうまかった。イタリアのニンニクはにおいも弱く、からくない。ダ・ミケーレのが一番軽いと思う』

この時だけは二度目の訪問だから、マリナーラを食べた。

いつかもう一度ナポリに来よう、と誓うのには十分な魅力。まさかたった一年で戻ってくるとは想像もしていなかったけれど。

一年後、修業の目的を持って訪れたナポリで、中村は就学ヴィザを取得し、イタリア語の勉強から始めている。学校の寮で日本人とイギリス人、三人でのルームシェアだ。授業を受けて学校帰りにピッツァを食べ、部屋で復習、夜は自炊か近所の店のピッツァで済ませ、戻ったら寝るまでまた勉強。

たまたま街の中心エリアに寮があったため、歩いて数分の場所に選べるほどのピッツェリアがあった。最低でも毎日一枚、時には昼・昼・夜と食べることもある、彼にとっては天国のような環境だ。

「ピッツァを食べる以外は本当に、勉強ばっかりしてました。言葉を覚えることが楽しくて仕方がなかったんですよね。自分でもびっくりするほど、イタリア語がするすると頭に入っていくんですよ。イタリア人の先生もびっくりしてました」

かつてバスケットボールを失った時期、溜め込んでいた集中力が、場を得て一気に噴《ふ》き出したのだろうか。

ピッツェリアでの注文にも、店員との会話にも慣れた頃、中村は雇ってもらえるピッツェリアを探し始めた。

最初のうちは、食べに行って好みのピッツァを焼く店があれば、その場で直談判する作戦。ところがお客では親切に接してくれても、「働きたい」と伝えた途端、話すら聞いてもらえない。たった数秒で心のシャッターを降ろされてしまう。数えきれないほどの店を訪ね、撃沈を繰り返して、もうどこでもいいや、とやけになって行った店さえNO。

そして「どこでもいいや」の後に残るのは、「できれば働きたくなかった」店だった。

「おいしいんですけど、問題はピッツァじゃなく、お店のある地域がヤバいエリアで。今のナポリは綺麗になりましたが、その頃はまだ中央駅もすごく汚くて、駅の周辺が最も危険だといわれていました。お店はまさにそんな場所にあったので、本当に大丈夫かなぁ、と不安だったんです」

ナポリの街が変わった、とされる分岐点は二〇〇九年だ。

前年と同年には街を牛耳《ぎゅうじ》っていたマフィアが一斉検挙され、新しいナポリの幕開けを謳うがごとく、ナポリ中央駅の改築が完成した年である。フランス人建築家、ドミニク・ペローによる近代的かつ、光をたっぷりと採り込んだ駅舎の明るさは、ナポリの街そのものを明るいほうへと導いた。

だが中村が暮らし始めた二〇〇四年はまだ、根深い犯罪と貧困と、ゴミに埋もれた街だったのだ。

イタリアの工業近代化や経済発展における南北格差は知られるところだが、南でもとりわけナポリは、地域経済を支えていた多くの製鉄所が一九七〇年代に閉鎖。一九八〇年には近郊のイルピニア地方で、イタリアの戦後最大といわれる地震が発生し、二四〇〇人以上が死亡、七七〇〇人以上が負傷、二五万人が家屋を失った。ナポリ市内では一〇階建てのアパートを含め、数十棟の建物が崩壊している。

高い失業率、圧倒的多数を占める貧困層、犯罪の若年化。負のスパイラルに歯止めをかけるべく、当時のナポリ市長、アントニオ・バッソリーノは建物の修復と街の整備を行い、一九九四年にG7（主要七カ国首脳会議）ナポリ・サミットを招致した。

それでも一朝一夕に解決とはいかないのだ。

ユーロ経済の波に乗りきれなかったイタリア自体の不景気も重なって、失業・貧困問題は依然なくならない。ナポリの闇を支配するマフィアとの闘いはいたちごっこを繰り返し、歴史地区にはゴミが散乱した。

一九八〇年代から、マフィアの財源として麻薬密売に次ぐ収入になっていたのがゴミビジネスだったのである。

彼らは各地の産業廃棄物処理を請け負い、ナポリ周辺に持ち帰って不法投棄する。もはやナポリ市民のためのゴミ処理場も圧迫し、埋め立て地の処理能力は限界に達して、一般家庭のゴミ収集ができず街の路上に散乱していた。苛立った人々によるゴミへの放火や、地下水汚染、害虫、有毒ガス発生による市民らの健康被害も深刻を極めた。

ゴミに埋もれた街で、職にあぶれ生活に困窮《こんきゅう》する若者たちが、ポケットにナイフや拳銃を忍ばせ目をギラつかせている。とりわけ駅周辺の路地は殺気の気配まで帯びて、ナポリ市民でさえ近づかない。

中村をようやく雇ってくれたのは、そんな〝ヤバい〟時代の〝ヤバい〟エリアにあるピッツェリアだった。

みんな「普通の人」なんだ

怖くないわけがない。でも、どうしても「ナポリのピッツェリア」で働きたい十八歳は、考えた。

「出勤時間の夕方四時はまだ明るいし、帰る時はスタッフの誰かが車で送ってくれるというので、それなら大丈夫かなと」

週給は五〇ユーロ（当時のレートで約六七五〇円）。お小遣い程度だが、欲しかったのはお金でなく、経験だった。

雇った側にしてみれば、単に忙しかったのだ。

観光客などいない地元密着の、揚げ物とピッツァだけを売る典型的なダウンタウン型ピッツェリアで、店内で食べるお客の数を遥かに超えるテイクアウトや宅配がある。それどころか週末ともなれば宅配は尋常じゃない数に上る。

この街の住民は今晩みんなピッツァを食べるのか！　と叫びたくなるくらい職人は焼き続け、山積みされた紙箱に入れた途端に運ばれて、飛ぶように売れていく。

アジア人だろうが、安く働いてくれるならまあいいか、くらいの理由である。

中村のほうは、とにかくピッツァを焼きたかった。東京では隙あらば練習させてもらっていたから、一連の流れはわかる。ということで、店には「ピッツァを焼ける」と堂々言い張って入り込んだ。

だが与えられる仕事は東京と同じ、トッピングの食材を切ったりモッツァレッラの水切りをしたりといった仕込みと、この配達だ。

焼き上がったピッツァを、自転車やバイクでなく歩いて家々に運ぶ。もちろんスマートフォンもグーグルもない当時、頼りはイタリア人が走り書きした読みづらい住所と地図だけだった。

観光地以外のナポリ、それもこの地域をウロウロ歩くアジア人は目立つ。路上にたむろして煙草を吸う少年たちに「チーナ！（中国人）」とからかわれたり、スキンヘッドの男に何やら叫ばれたりもする。

正確な意味はわからなくても、声色や空気の波動のようなものが、悪口であること、しかも汚い言葉を放っていることを伝えてくるのだから不思議だ。

「当時、彼らにとってアジア人は全員中国人でした。日本だろうが中国だろうが関係なくて、アジアの人間に対して何か、ある種の感情があったのだと思います。異物感なのか、単に〝俺らの街〟って意識が強いのか。わからないですけど、最初はとにかく酷《ひど》かった」

配達途中の道のりは、思いがけない所に身の危険が潜む、まるでジャングル。ところが届け先の家々に着くと、人々の反応はまるっきり違った。

ドアを開けたら、彼らから見ればガリガリに痩せたアジアの男の子が、ピッツァの箱を抱えて立っているのだから驚かれはする。けれど、そこで「アジア人か！」と舌打ちされるようなことはなく、代わりにほとんどが「どこから来たの？」「なぜピッツェリアで働いてるの？」とストレートに訊いてくる。

「ナポリのピッツァが大好きで、日本から修業に来たんです」

そう正直に答えたならもう、「そうかそうか、ナポリのピッツァは世界一だからね」とご満悦だ。なかには親戚の子どもを見守るように「がんばって！」と声をかけてくれる人もいた。

一度、急ぐあまりにアパートの階段を駆け上がったら、最後の段で転んでしまったことがある。箱を派手に落としてしまったから、中身のピッツァは間違いなく、ぐちゃぐちゃだ。仕方ない。理由を話して「もう一度出直してくるから、あと少し待っててください」とお願いしよう。

怒鳴られることも覚悟の上で部屋のベルを鳴らすと、おばあさんが現れて、なんの問題もなさそうに言った。

「それでいいわよ」

そうしてチップまで渡してくれたのだった。

チップが、単に彼らの慣習であるとはいえミスをした店員にまで？　自分のピッツァが台無しになったのに？

戸惑いながらおばあさんに再び謝り、お礼も言って、帰りの階段を急ぐ中村はもう、行きとは違う感覚になっていた。

「みんな普通の〝人〟なんだな、って」

ピッツァを運びながら知らない家々を訪ね歩き、拙《つたな》いイタリア語で会話する。ストリートではない、建物のなかにいる一般家庭の人々と触れ合ううちに、絶えずつきまとっていた怖さはいつの間にか消えた。

「もちろん用心はしますけど、ナポリ人社会のなかで生活することにビクビクするってことはなくなりました。〝チーナ〟って言われても全然気にならなくなったし」

実際のところ、危険な目に遭ったことは、彼の自覚する範囲で言えばほとんどないそうだ。道端で携帯電話を盗られそうになったことが一度。バイクに乗った二人組に、道すがら「金を出せ」と脅《おど》されたのが一度。本人いわく、それくらい。携帯電話の時は不穏な気配に気づいて未然に防ぎ、バイク強盗の時は、たまたま自宅の前だったためなかに駆け込み事なきを得た。

「ケガも被害もないので、なんてことないです」

ケロッとできるほど、その頃にはもうナポリを受け入れていたのだろう。日本に住んでいればバイク強盗なんて一生遭わない確率のほうが高い、なんて引き合いに出しても意味がない。

ここはナポリだ。

そういえば大坪は、拳銃を向けられたことが一度だけあると語っていた。

友人が携帯電話を奪われ、取り返そうと二人で走って追いかけたところに、強盗団の車が二台先回りして道を塞《ふさ》いだ。車内から銃口がこちらを向いていて、大坪と友人が両手を挙げ「もういらない、いらない」と言うと、彼らは何もせず走り去った。

初めて感じる種類の恐怖、だったそうだ。

なのに大坪もやはり「携帯一つで済んだ」と言い、「この街で暮らすうえでの教訓を一つ得た」と捉えている。

大坪も中村も、「これくらいのこと」ではナポリを嫌いになる理由になど、まったくならないのだった。

ピッツァの体幹筋肉

仕込みと配達に明け暮れながら、中村は「ピッツァを焼かせてほしい」と何度も店主に頼み込んだ。駄目だ、まだだ、とあしらわれても引っ込まずに一カ月。ようやく一人の気のいい職人が、営業終了後、余った生地で焼き方を練習させてくれるようになった。

最初は三枚のピッツァを同時に仕上げる、「三枚焼き」から。するとほどなく「ＯＫ！」となって、営業中にも焼き始めた。東京で少々の経験があったとはいえ、この店の焼き方が飲み込めていたのは、一カ月間ずっと職人の動き、焼き方を〝見て〟いたからだ。

「いいピッツァ職人は、焼くにしても生地を延ばすにしても、所作が違うんです。毎回なめらかにすいすいっと、同じ手さばき、同じ角度や回数で動き、クオリティも一定。それがすごいスピードで、淡々と流れるように続いていく」

日本とは、それがいい悪いではなく、ピッツァというものの捉え方がまるで違った。

日本人は一枚一枚を丁寧に、完成度高く仕上げようとするけれど、ナポリで重要なのは「流れ」。バンバン焼いて、完璧な円形でなくても、縁の高さが多少違ってもそれが自然。不均一こそが味。

だが不均一のなかにも体幹筋肉のように揺らがない何か、こうでなければならぬという一点を嗅《か》ぎつけている。それがナポリの、ナポリたるピッツァだ。

「捉え方が違うのは、日本ではピッツァ一枚が二〇〇〇～三〇〇〇円、ナポリでは三～四ユーロ（二〇〇四年のレートで四〇〇～五五〇円）と、まず価格が違います。日本では非日常のレストランみたいな空間で食べるけど、ここでは路上で食べ歩きもする、日常の食べものってこともあると思う」

日本ではある種ファッションのような存在だったナポリピッツァが、現地ではライフラインに限りなく近い、生活そのものだった。

小さな町にもピッツェリアはあり、店でも家でも道でも食べる。すぐ焼けて、おいしくて、おなかがいっぱいになればいいわけだから、自分の空腹が満たされれば残すこともある。と言ってもたいていはペロッとおなかに収まるけれど、それは〝行儀《マナー》〟を気にして食べているわけじゃない。

当然、ピッツァが売れる数も、焼く数も桁違いだ。

ナポリのピッツェリアでは、焼きの担当は若手であることが多い。修業の段階としてははじめのパートだという理由もあるが、何より、炉内温度が四五〇～五〇〇度近くにも達する窯を相手に何百枚も焼き続けるには体力が要《い》るからだ。

中村は、若いナポリ人のように窯前に立った。

トマトソースが塗られトッピングされた、丸くゆるやかな生地を、崩さぬよう木製パーラの先端にのせて薪窯へ突っ込む。

突っ込む、と言ってもどこでもいいわけじゃない。炉内の薪の状態、熱の温度と対流、炉床の温度といったさまざまな要素を想像しながら置く位置を定める。生地の縁がふっくらと立ち上がってきたら鉄製のパーラに持ち替えて、生地の下に小ぶりで丸いヘラ部分を差し込み、熱の中で器用にクルクルと生地を回す。真っ赤な薪に近づけて、縁に香ばしい焦《こ》げ目をつけるためだ。

中村がどんなに喜々としていたか、想像に難《かた》くない。

ところがいい人ばかりじゃないのは世の常で、何かにつけて汚い言葉を投げつけたり、不意に足を蹴ったりなどちょっかいを出す職人がいた。中村のほうも負けてはいなくて、「うるせえ！」「やめろ！」とその都度言い返す。

日常茶飯事だったのだが、しかしその日はどうにも我慢がならなかった。

生地を延ばしている無防備な状態で、突然、頭を木のパーラでゴツンと叩かれたのだ。パーラの裏には煤《すす》がびっしりついていて、中村は罰ゲームのように頭から煤を被った。たちが悪かった。これまで知らず知らずのうちに張り詰めていた我慢の糸が、この瞬間にぷっつりと切れてしまった。

「痛かったし、悔しいし。取っ組み合いとかはしないですけど」

自分の仕事を終えて帰った中村は、それきり店に行くことはなかった。ただし無言で去ったわけじゃない。オーナーの元へ出向き、辞意と謝罪と「あいつとは働けない」意思を伝えている。

私の脳裏に浮かんだのは、今、日本の飲食店で「飛ぶ」といわれる、ある日突然来なくなる事例だ。暴力（精神的な暴力を含む）などがあった場合は別にしても、人と向き合うことを避ける、ネガティブをスルーする、そういう働き手は増えている。

だがこの十八歳は、外国人ならしかたない、と思わせる逃げ道も選ばず、わざわざあらためて出向いたという。理由を訊ねると、ピッツァの焼き方を練習させてくれた、あの職人のことが頭をよぎったのだそうだ。

「いや、僕も向き合うのがつらいって気持ち、わかります。だけどよくしてくれたので、彼には申し訳ないなと思って。でも特別すごいことをしたわけじゃないですよ、普通です。辞める時は、辞めると言うって」

屈辱的な目に遭わされた本人は、落ち込んでいたのだろうか？

ノーだ。この店で働いた期間は三カ月。中村の就学ヴィザの期限は十カ月しかなく、心はすでに次へと向いていた。

若者たちの時間

とはいえ六月。もうすぐヴァカンスシーズンだから、ナポリの街なかの店は一斉に、長期にわたってシャッターを閉じてしまう。さて、どうしたものか。あるピッツェリアを訪ねると、親戚がやってる店があるよ、とリゾート地の仕事を紹介してくれた。

夏を過ごしに人が集まるリゾートならば、逆に年に一度の書き入れ時なのだ。

中村が向かったのは、ナポリから北西に七〇キロ、ティレニア海に突き出す半島にあるガエータ。要塞に囲まれた街と七つのビーチを持つ美しい海岸線には、長い長い砂浜に沿って、夏の数カ月だけ営業するビーチハウスがいくつも建ち並んでいる。その一軒が、ビュッフェ料理とピッツァの店になっていた。

ガエータはラツィオ州側だが、カンパーニア州との州境近くにあって、ナポリから車で（彼らのスピードで）一時間半〜二時間ほど。ナポリ人にも人気のリゾート地だから、当然のようにピッツァがなくては話にならない。

イタリア人が休む間に働くのは、国内外から出稼ぎにくる人か、修業中の日本人だ。中村が働くことになった「セレーナ」も、アルバニア人、ウクライナ人、ルーマニア人、ポーランド人など東欧からの出稼ぎ労働者が多かった。

だがピッツァだけは別、職人にしか与えられない仕事である。この店でも、ピッツァイオーロはナポリ人が一人、フォルナイオが中村一人。

生地全般を担当するのが、ピッツァイオーロ。材料を混ぜ合わせ、発酵させて生地を作り、営業中はそれを延ばしてトッピングをする。対してフォルナイオとは、窯（フォルノ）の前に立ち、ピッツァを焼く職人のことである。

日本では、ピッツァの生地も焼きも一人の職人が手がける場合が多いけれど、ナポリのピッツェリアでは分業制だ。

中村はたった一人ですべてのピッツァを焼く、即戦力としての採用だった。

「窯はナポリ式のドーム形じゃなくて、四角い、たぶん北イタリアのピッツァ窯じゃないかな。一度に八枚、九枚は余裕で入る大きさで、耐火レンガの組み方といった構造も、炉床の材質もナポリとは違います。一度に焼く数とか火の通り方も違ったけど、でもストレスではないですよ。仕事なので、〝そっか、この条件で焼くんだな〟くらいの感じです」

むしろ、いよいよ存分に焼けるチャンス。

と同時に、焼き上げたピッツァへの責任も、ピッツァイオーロへの責任ものしかかる。彼の生地を焼くことができるのは中村一人だけで、その逆も同じだからだ。二人の職人は、どちらかがいなくなったら自分の仕事が成り立たなくなる、お互いに支え合うしかない相棒だった。

ピッツァイオーロのナポリ人は二十代半ばで、結婚したばかりだというから、ヴァカンス返上で働きに出たのだろう。週一日の休みには新妻が待つナポリへせっせと帰りつつ、週六日、朝から晩まで中村と一緒にピッツァを作った。

「若いけど経験のある職人で、めちゃくちゃ忙しいなか、めちゃくちゃな数を延ばすんです。僕は僕で同じ数のピッツァを焼きまくる。もちろん焼く経験を積めたことが一番だったけど、彼の〝生地の仕事〟をずっと傍で見られたことも大きかった」

二人は宿舎でも同じ部屋。中村にとっては、いつでもなんでも相談ができて、答えやアドバイスがもらえる期間だった。

のんびりとしたリゾートだが、働き手の毎日は朝からきっちり始まる。

中村は出勤すると薪を焚《た》いて窯を温め、仕込みを済ませ、長いランチ営業。自身の遅い昼食を食べて一時間ほど仮眠。十八時から再び店へ出て、二十時からディナー営業で焼きまくり、仕事が終わる頃には深夜二十四時を回っている。

で、そこからが若者たちの時間だ。

店のオーナーの息子やその友人など若者たちが夜な夜な集まっては、日本でいうコンビニのような深夜営業の売店でアイスやポテトチップスを食べながらダベり、かと思えば突然「バールに行こうぜ」と街まで繰り出していく。週末はクラブ。リゾートではシーズン期間、有名なＤＪのイベントも多くある。

ここでも一番年下の中村は、兄貴たちのスクーターの後ろに乗って、あちこちへ連れて行ってもらった。

「イタリアの若者って、こんなふうに遊ぶんだなぁ」

そう新鮮に驚く彼は、日本の若者の遊び方も知らなかったのだ。

それぞれに働いた後、仲間とたわいもない話で笑う。まだ内容の細かい部分までは聞き取れなかったけれど、みんなで明け方にヌテッラ入りのコルネット（国民的大好物のヘーゼルナッツペースト入り、イタリア版クロワッサン）を食べ、体は疲れてクタクタなもんだから、誰かがヌテッラを服にべったりこぼしたりしてゲラゲラ笑う、それだけで最高に楽しかった。

イタリア人しかいない環境で、もはや誰も中村を日本人とは意識せず、彼自身も「イタリアの普通の若者」になれた気がした。

ひと夏の三カ月間。目の前に美しい海がありながら泳いだ記憶がない、この海辺で中村は十九歳を迎えた。

第七章　ナポリのお父さん

日本にはなくて、ナポリにあったもの

夏が終わり、ナポリへ戻ると、ヴィザのタイム・リミットが見えてきた。隙間のような時間さえ惜しむように、中村は「リストランテ・エ・ピッツェリア イル・ピッツィコット」（現在閉店）へ滑り込み、期日ギリギリまで窯前に立ち、「焼いて」帰国。

帰りたくなんてなかったのだ。

すぐにこの街へ帰ってくる、と決めて飛行機に乗ったものだから、日本に着いても心はナポリの方角を向いたままである。

福井の実家へ顔を見せるや、ゆっくりなどせず大阪の「ピカピカのビル」にある店でピッツァを焼いた。渡航費を稼ぐためだ。ナポリ式の窯があって、ピッツァ職人として働くことができ、いい給料がもらえるのだからありがたいばかりで文句など何もない。目の前のピッツァをベストに焼く、という職人の仕事に関しても、ナポリだろうが日本だろうが変わりない。

けれど毎日、あの街のことばかり考えてしまう。

「絶対、ナポリに帰る」

今の仕事はそのためにある。

「日本ではなんかポワ〜ンとしてしまって、ナポリが足りない、日本ってつまんない、と思いながら過ごしてました」

日本にはなくて、ナポリにあったものとはなんだったのだろう？

彼はひと言「自由」と答えた。

たとえば、感情を喜怒哀楽のままに表現していい、という自由。とりわけ日本では我慢しなければいけない「怒」のパート。伝えるにしてもオブラートに包めと諭されるネガティブな感情でさえ、ナポリなら「怒」は「怒」だ。

当然ながら、あっちでもこっちでもカッカと火花を散らす事態に陥ってはいるのだが、「向こうがはっきりとものを言うから、こっちもはっきりと言い返せる」ことに気づいた途端、楽になれた。

かつて大坪も「自由」に居心地のよさを感じる、と語っていたけれど、中村の言う「自由」は、少しばかりの痛みを持って聞こえてくる。

「ナポリでは戦っていい。嫌なことは嫌って言っていいんだ、って思ったんです。すべてにおいて〝許される〟範囲が広いというか……いいことも、悪いことも、ですけど」

もちろん、日本で生まれ育ったからには、秩序や規律が大事なこともわかる。正直言って、彼らの（広すぎる）許容範囲についていけないこともある。それでも、空気を読まなければ生きづらい日本に対して、ナポリでは仕事でも人間関係でもその人の役割が明確にされていて、務めを果たしさえすれば認めてくれた。

役割以外の部分でどうか、みんなのなかでどうか、といったものさしはない。それが「一人の〝人間〟を見てくれている」気がしたのだ。

「もっとずっと長くナポリで暮らして、ナポリの空気を吸って、ナポリで焼いて。僕はナポリ人になりきりたい」

その一心で大阪では五カ月間働き、片道分の渡航費用が貯まるとすぐ、中村はナポリ行きの飛行機に乗った。

紀元前四七〇年に誕生した街で

二〇〇五年六月。ヴァカンスシーズンに着いた中村は、再びガエータ「セレーナ」で三カ月働いた後、ナポリで住む部屋を探した。

知り合いのつてで見つけたアパートは、３ＬＤＫをイタリア人大学生二人と暮らすルームシェア。二十歳になったばかりの中村とちょうど同世代だが、学生の二人とは生活時間がまるで合わず、顔を合わせたことはほとんどない。

今回のアパートもそうだが、中村は語学学校時代からずっと、ナポリ市のなかでもチェントロ・ストーリコと呼ばれる旧市街で暮らしている。一九九五年、「チェントロ・ストーリコ・ディ・ナポリ」としてユネスコ（国連教育科学文化機関）の世界文化遺産にも登録された歴史地区だ。

そもそもは、紀元前四七〇年。古代ギリシャ人の植民地として誕生した街で、ギリシャ語で新しい都市を意味する「ネアポリス」がナポリの語源だといわれている。

この都市の歴史は、外からの侵略と支配の繰り返しだ。

西ローマ帝国、東ローマ（ビザンティン）帝国、シチリア王国……。十三世紀末にフランス系のアンジュー家がナポリ王国を治めてなお、スペイン、フランス、オーストリアなど次々とやってくる外国政権に目まぐるしく支配され、それは一八六一年に「イタリア」が一つの王国として統一されるまで続いた。

政治だけでなく、ヴェスビオ火山の噴火、地震、疫病《えきびょう》といった災害も繰り返し、そのたびにナポリの街へ爪痕《つめあと》を残す。

反面、ギリシャ文化の時代には競技場や劇場が造られ、オリンピックのナポリ版が催されたり、演劇・歌劇などの芸術が発展。ナポリ王国時代にはフィレンツェやヴェネツィアとつながり、経済とともにルネサンス文化の一翼《いちよく》を担った。

受難と復興、栄華と盛衰。かつて大坪の感じた、強烈なコントラストを放つ「光と闇」は、この歴史によって、およそ二千五百年もの時間をかけて醸成されたものなのだろう。ナポリは時代、時代によってさまざまな民族の文化を吸収し、それが元の文化と混じり合い、層を成してきた。現代では「文化財」と呼ばれるその堆積《たいせき》が、そのままずっぽりと遺されているのが歴史地区である。

一つの街（地区）がまるごと文化遺産なわけだが、おもしろいのは、二十一世紀のナポリ人がそれらを壊すこともないが、特別ありがたがることもなく、遺産に紛れ込んでいることである。

中世の石畳《いしだたみ》を歩きながらふと見上げれば、襟口《えりぐち》の伸びたTシャツや色褪《いろあ》せた花柄のエプロン、小さな靴下といった洗濯物が風にはためいている。学生らしき男の子は折りたたんだピッツァを食べながらバロック様式の館の前を通り抜け、古代ギリシャ時代の遺跡がむき出しになった広場では、散歩中の犬が用を足す。

街全体が考古博物館のようなナポリで、人々はしっかり人間臭く生活している。

「〝歴史地区〟と呼ばれるほうが最近で、彼らはずっと昔からこうして暮らしてきたんですよね。ナポリと聞いて思い浮かべる景色は、人によって大きく二つに分かれると思うんです。太陽を浴びるサンタ・ルチアの海岸線か、チェントロ・ストーリコの洗濯物か。僕はやっぱり後者のほう」

ナポリのなかのナポリ、ともいえるこの歴史地区に暮らし、生活圏内で働きたい。

その圏内には、名だたるピッツェリアがひしめく、スパッカナポリがあった。

ナポリを真っ二つにスパッカーレする（割る）、という意味のこのエリアは、東西に平行して延びる三本の主要な道のうち、最も長い南側の道が街を二つに分割。その道を中心線にして、南北へ細い路地を這《は》わせ、碁盤の目状に整備している。古代ギリシャ人による街づくりである。

幹線道路ゆえに古くから商業が集中し、物流も、それらにともなう人の往来も盛《さか》ん。人の集まるところ食べものあり、でピッツァ職人たちは頭の上に保温器をのせてピッツァを売り歩いたり、露店で売った。やがて買い食い、立ち食いからテーブルと椅子が用意され、黎明期のピッツェリアへと発展していく。

三本のなかで最も重要だったのが、真んなかの道、現代のトリブナーリ通りだ。ここは今なおピッツェリアの隣にピッツェリアがあるような密集度で、人気店には、ほかのことでは並ばないナポリ人でさえも観光客に混じって行列を作る。来店した著名人の写真を並べた店、店先で揚げ物を売る店、「食べていきなよ！」と陽気に声をかける店。ここスパツカナポリでは老舗《しにせ》だろうが新店だろうがしのぎを削り、各店のピッツァ職人たちは日々、腕の競い合いをしているようなものだ。

中村はこのトリブナーリ通り沿いに建つ、「イ・デクマーニ」で働くことが決まった。三本の道を指す古い名前だが、数カ月前に開店したばかりの新しいピッツェリアだった。

ピッツァメニューは四五種類も揃え、マルゲリータなど定番のほか、ドーナッツ形の生地に一〇種類のトッピングを施した看板ピッツァ、星形のピッツァ、ガレットのように丸い生地を四方から折り込んだピッツァなどオリジナルも並ぶ。凝《こ》った趣向を形にするには、腕が要る。厨房で働くピッツァ職人たちはみなベテランの叩き上げで、彼らはオーナーの意向に、技術をもって応えていた。

ここを紹介してくれたのは、顔見知りのアフリカ人だ。

「チェントロ・ストーリコで暮らしていると、狭いからすぐ顔見知りになる。相手のことをそんなに知らなくても、みんなチャオ！　って声をかけ合うから、そこらじゅう知り合いみたいになるんですよ」

そのアフリカ人が「デクマーニだったら、知り合いが働いてるよ」と言うので訪ねてみたら、誰も彼を知らなかった、というオチはついたが。

中村自身は、リゾートから帰ったばかりで、食べに行ったこともない店だったと言う。あんなにも日常的に食べ歩いていたのだから、そのなかで「ここだ！」と心に決めた店で修業したい、などの発想はなかったのだろうか？

訊ねると、この時点ではすでになかったです、と返ってきた。

「一度日本に帰ってからイタリアへ戻る時、ずっとナポリで生きていこうと思って来ました。なので修業じゃなくて、生活していけるだけの給料が稼げる働き口を探さないとっていう、そっちのほうです」

多くの日本人は、いずれ日本に帰って店を持つことを前提に、ナポリで一定期間の修業をする。帰国後の展開を考えれば「おいしいと思った店で働き、その技術を身につけたい」「日本でも知られたピッツェリアで修業したい」といった発想になるだろう。

しかし「いずれ日本」をまったく想定していない者にとって、ピッツェリアは修業先でなく就職先であり、面接で伝えるべき言葉は「勉強させてください」ではなく「誰にも負けない」だ。

「ピッツァを焼くためには、そこにいるナポリ人に勝たないといけない。勝ってポジションを奪うんです。でないと稼げないから」

彼はすでに、ナポリの一労働者になっていた。

では、ナポリでは常識とされるコネクションもなく、一人前の給料を要求するアジア人はどうして採用になったのか。

中村の職歴を言えば、ナポリとガエータの三店で延べ九カ月、日本も合わせると一年八カ月ほどピッツェリアで働いた経験はあったが、ナポリのピッツァ職人としては赤ん坊くらいのものだ。

「イ・デクマーニ」を訪れた日、じつは「明日もう一度来な」と帰されている。

採用の決定権を持つ人物が不在だったためである。もしかしたら彼らは、「それでヤツはあきらめるだろう」とも考えたかもしれないが、ヤツは次の日もやってきた。

この時対応に現れたのは、額《ひたい》に皺《しわ》が刻まれ、目には相手を射抜くような光、小柄ながらいかにもナポリの職人らしい凄みを放つ男。初老の風貌だが、よく見れば自分の父親より少し若いくらいだろうか。

自分はピッツァを焼ける、と言いきる中村を見て、男は窯を指差した。

「一枚、焼いてみろ」

休憩中の薄暗い店内で、初めての窯を前に一枚だけ焼くと、またひと言。

「明日から来い」

ああ、合格したんだな、と思った。

理由は訊いたことがない。大事なのは、ナポリのナポリたる場所、スパッカナポリのピッツェリアに立てる日がやっとときたということ。本当のナポリはこれから始まる。毎日、この文化遺産のなかでピッツァを焼く生活だ。

「毎日たくさん、たくさん焼くことだ」

面接した男の名前は、サルヴァトーレ・マンチーニ。厨房の仕切り役にして店の重鎮であった男は、中村にフォルナイオの仕事を与えた。

ピッツァ職人の成長過程としては、一般に、まずフォルナイオのポジションから始まる。窯の仕事を習得したら、生地専任のピッツァ作りの工程をすべて把握しているピッツァイオーロへ。ピッツァイオーロは指揮官的な立場にもあるが、だからといって「焼き」より「生地」のほうが格上という意味では決してない。

別の能力が要る仕事で、それぞれが重要なのである。一枚のナポリピッツァは職人たちの連携プレイによって作られ、「生地」と「焼き」の両輪で成り立っている。

サルヴァトーレは、どんどん吸収していく若い日本人フォルナイオに、持てるすべてを惜しみなく授けようとした。その教え方もまた渋いというか、何を教えるにしてもまず「やってみろ」から始まるのだ。

「ピッツァを三枚、焼いてみろ」

サルヴァトーレが木箱から生地の玉を取り出して次々と広げ、広げたそばから中村が窯へ突っ込む。一枚、二枚、三枚。取り出すタイミングも時差のないように。

最初から終わりまでひと通り、黙って見ていたサルヴァトーレは繰り返す。

「もう一度、焼いてみろ」

そうして二度目からの指令は、「考えろ」に変わる。

「炉床の温度、熱の対流は今、どうなっている？」

「ピッツァを回すタイミングは、ここでいいのか」

「手前と奥を入れ替えるんだ。なぜかわかるか？」

ピッツァを焼く窯のなかは、まるでパズル、それも極めて複雑なパズルだ。

左奥または右奥に組んだ薪の炎によって熱された空気は、ドーム形の天井をなぞるようにぐるりとつたい、一部は留まりながら、窯の口近くにある排気口から煙突へと抜けていく。この熱の対流と、耐火レンガや石材が蓄えた輻射熱《ふくしゃ》、炉床に生地を直接当てる伝導熱が同時に起こり、焼き上げるメカニズムである。

炉内の位置で温度も熱の入り方も違うため、フォルナイオは奥・手前・左・右・高・低など3Dに生地を移動させたり、持ち上げて浮かせたり、回したり。どのタイミングでどこへ動かすか。どこに空白を作り、どこを埋め、性質の異なる熱をどう操るか。一枚が焼き上がるまでたったの六十〜九十秒。この間に、すべてを反射神経レベルで計算する必要がある。

「なぜそうするのか？　それを考えろ」

考えて動く、を愚直に積み重ねていった遥か先に、考える前に体が動く境地が、たぶん待っている。

そしてサルヴァトーレいわく、そこへつながる道は一つしかない。

「毎日たくさん、たくさん焼くことだ」

中村は六〇席の「イ・デクマーニ」で、平日夜は一人で二〇〇〜三〇〇枚、土曜日であればさらに四〇〇〜五〇〇枚ものピッツァを焼いた。

ピッツァを焼く仕事は、スピードだけでなく持久戦でもある。

薪火という熱源は、スイッチを入れればすぐに温度が上がったり、常に安定した火力を出してくれるわけじゃない。

営業時間外でも、窯は常に温めて〝うとうと〟くらいに仮眠させておく。営業前には開口部の蓋《ふた》を外して空気を入れ、小枝を投入して火を熾《おこ》す。いわば寝起きからぱっちりと目が覚めるまでの、ウォーミングアップだろうか。

こうして窯のご機嫌をうまく摑み、開店からなめらかに調子を上げていくのだが、上がり過ぎてもよろしくない。スタートから閉店時間まで、常にベストなピッツァを焼くためには、ペース配分を組み立てながらの「熱のコントロール」が必要なのだそうだ。

どういうことだろう？

「最初からガンガン焚きつけると、窯が熱をどんどん溜め込んで、その夜のピッツァは全部焦げて（焦げが強く出て）しまいます。逆にのんびりし過ぎても、いざ混んできた時に間に合わない。ナポリは二十時過ぎから急にピークがくるんですけど、窯は急にはがんばれないので、タイミングが遅れればずーっと〝駄目な窯〟で焼かなきゃいけなくなる。

たとえば、窯のなかは四八〇度くらいになりますが、炉内の上のほうの温度がしっかり上がらなければ、コルニチョーネに綺麗な焼き色がつきません。上がり過ぎると、今度は表面だけ焦げて、なかは生焼けの状態。日本のピッツェリアの窯はたいてい一枚か二枚の大きさなのでコントロールしやすいけど、ナポリでは四、五枚同時に焼くのが一般的です。窯が大きい分、熱の扱いは難しい」

「イ・デクマーニ」での中村は、十八時半頃から薪火を焚き始める。その日の温度や湿度、薪と窯の状態によっても火の勢いは違い、「赤い燃えかす」が溜まると温度が上がり過ぎている証拠。その場合、熱々のまま薪や燃えかすを抜いて調整することもある。

土曜の夜はとくに気が抜けない。混雑のピークが開店から深夜までずっと続くので、長時間、窯をいい状態に保たなければならないからだ。

それだけでもパズルなのに、さらには生地の事情も絡んでくる。

「生地は、スタートは微発酵というか、発酵はしているけど、まだ余力はある状態。そこから、営業中も徐々に発酵が進んでいきます。酵母が糖分を餌にして膨らむわけですが、糖分はだんだん減っていくので、すると生地も元気がなくなる。焼き色がつきづらくなるため、遅い時間にこそ元気な火が必要になります」

お客のほうは、開店早々だろうが閉店間際だろうが、いつものうまいピッツァを求めて来る。その期待に応えるべく、フォルナイオは、生地と薪火のゆるやかな相関関係をイメージしながら窯の火と熱の摂理を管理する。

毎日、毎回、同じ着地点を目指すだけだ。なのに薪も生地も生き物だから、同じ作業をしたって誤差も異例も想定外も生まれてしまう。次々と飛んでくる矢を避《よ》けつつ挑み、最後の一枚まで守りきる。フォルナイオが「窯の守り人」または「窯の番人」とも呼ばれる所以《ゆえん》である。

そんな〝事情の違う毎回〟をいかに数多く経験し、自分の引き出しに蓄えるか。サルヴァトーレの「たくさん、たくさん」はそういう意味だった。

フランチェスコのピッツァ

中村はフォルナイオとしてピッツァを焼きながら、仕込みの時間には生地作りの仕事も手伝った。

ピッツァイオーロとしても高い技術を身につけたい。そう考えていた矢先、「イ・デクマーニ」にフランチェスコ・レイが加入した。彼の生地は、各店で数々のピッツァイオーロと仕事をしてきたなかでも別格だと、すぐにわかった。

自分より一つか二つ歳上だが、いわく「歴史が違う」。中村が経歴でなくあえて「歴史」と表現したのは、生きるうえで蓄えてきたピッツァとの時間、という意味だと思う。父もピッツァ職人である（当時は親子で「イ・デクマーニ」で働いていた）生粋の職人家系。セリエAのサッカー選手がボールを蹴って育ったように、彼は子どもの頃からピッツァと一緒に成長し、ピッツァを焼き始めたのは十歳の時だという。

でもそれだけではない、もっと根本的な、資質のようなものを感じさせた。

「フランチェスコの生地は丁寧というか、生まれついた品があるというか。たとえば当時はナポリでも薄めのピッツァが流行っていたので、みんなコルニチョーネを潰《つぶ》して延ばして、わざとのっぺりさせていた。でもあいつは昔ながらの縁がちゃんとあるピッツァで、それが〝形〟としても綺麗なんですけど、仕事としてもすごく美しい」

当時の日本では、「ナポリピッツァらしく」するためにあえてコルニチョーネを〝作る〟ピッツァもあったが、考え方がまったく違う。フランチェスコのピッツァは、作為でなく必然の形だった。

「彼の生地は、窯のなかでふわーっと、生まれるみたいに立ち上がっていくんです。生き物です。フォルナイオって、好みの生地を焼くとやっぱり楽しいんですよ。ああこれいつまでも焼いてられるわー！　ってテンションが上がって、ここからもっと仕事がおもしろくなっていきました」

じゃあ逆に、テンションの下がる生地もあるのだろうか？

「打ち粉をバンバンつけた生地は、窯も汚れるし好きじゃないです。粉が焦げてピッツァの底が黄色というかオレンジっぽくなるんですよ。焦げだから当然、苦いですよね。だから焼き方で焦がさないように気をつけるんですけど、それにも限界があって。これをお客さんに出すのか、嫌だなぁ、と気が進まない」

営業時間外にはフランチェスコを真似して生地作りの練習をし、手を動かした。手を左右にパタパタと倒しながら生地を延ばす、その強さ、角度、リズム。

これまでも中村は職人たちをじっと見て、学ぶべき職人を自分で見つけ出してきた。彼の習得法は、手本となる職人の真似を徹底的にする、に尽きる。

「うまいなぁ！　って思った職人の手の動きとか、体の使い方とかをずっと見て、まずは真似です。スポーツでも、上手な人って、真似るのがうまいんですよね。たとえば憧れのバスケットボール・プレーヤーを動画で繰り返し観て、技とか暗記するほど覚えて、真似するうちに上達していく。ピッツァも似ていて、まずは体を動かさなきゃ始まらない。動きながら、自分のフォームを客観的にも感じながら、イメージに近づけていくことが〝うまくなる〟ってことなんじゃないかなと思います」

生地だけでなく、焼き方においてもフランチェスコの仕事は美しかった。

たとえば五枚は焼ける大きさの窯でも、五枚焼き続けていると炉床の温度が下がり、何をどうしても焼きが足りずサクッとしない、職人の言う「白いピッツァ」になってしまうことがある。フランチェスコは五枚の窯でも最大三枚に留め、二枚分の余裕を確保したうえで、位置を変えながら確実に理想の焼き色へもっていく。どんなに店が混み合っても、スピードとのせめぎ合いのなかでも妥協はしない、完成度の高いピッツァは彼の美学だ。サルヴァトーレの「炉内での回し方で、五枚焼きでも温度を下げない」手法とは違ったが、つまりは何を目指し、どこを大事にするか。焼き方には思想と哲学が表れる。

そういえば、職人たちは焼きながら、たとえば「生地に火を吸わせる」とか「窯のなかで一気に発酵させ、爆発させる」といったイメージを描いていると聞いたことがある。中村の〝焼き〟はどうなのだろう？

「イメージじゃないけど、僕の場合は、探しています。どんな生地でも、その温度になると突然よくなるポイントがあるんですよ。たとえ発酵があまりうまくいっていない生地であっても、〝化ける温度〟って必ずある。あ、はまったな、って。もろもろの条件が嚙み合う瞬間、本当に一瞬の一点。僕の〝焼き〟は、それを探しに行くことです」

この店で、中村はめきめきと成長した。

「イ・デクマーニ」のフォルナイオとして、花形である土曜の夜は、誰にもその座を譲らなかった。

一度、体調を壊して今晩だけ誰かに代わってもらおうとした時も、フランチェスコが

「タクミが焼くべきだ」と譲らず、中村は火事場の馬鹿力を出しきってそれに応えた。

「ギリギリなんとか、ですよ。記憶がないくらいだから」

そう言いつつもうれしそうだったのは、〝ピッツァイオーロのほうも、自分の生地は、信頼できる焼き手に任せたいのだ〟とわかっているからである。

お互い、やがて引き抜きやステップアップで別の店へ移るかもしれない。職人人生のほんの一時期だけれど、同世代の彼らはともに、最高のピッツァを目指して生きていた。

「ゆっくりと行く者は、着実に、遠くまで行ける」

中村は結局、一時帰国などしながらも「イ・デクマーニ」で延べ約一年半を過ごしている。二十歳から二十一歳へ。職人としても、人としても未熟だった彼を常に見守り、育ててくれたのはサルヴァトーレだ。

「僕にとっては、ナポリのお父さんです。もちろん職人としてもですけど、掃除から、身だしなみから、返事とか細かいことまで、みんなサルヴァトーレから教わりました」

たとえば掃除なら、大理石のテーブルを拭く布巾は、半乾きでも濡れ過ぎでも駄目で、

「しっかり洗って、きっちり絞った布巾でなければ綺麗にならない」。逆にタイル張りの床はモップをびしゃびしゃに濡らして、洗うように汚れを取り、さらに乾いたモップで拭き上げて完璧に磨き上げる。

綺麗好きなサルヴァトーレは、自分が納得するまで何度でもやり直しをさせて「これが美しい状態」という到達点を中村に叩き込んだ。

当時のナポリの街は、あれだけ汚かったというのに。

ところが中村の話では、じつは店や家のなかといったナポリ人個々のテリトリーは、昔も今もピカピカなのだそうだ。

そもそもが、フィレンツェと並ぶルネサンス文化の中心地。審美眼と創造性に長《た》けた人々の気質は、多分に貴族的でもあると聞く。自分に関係のないところは無関心でも、一歩自分に関わるエリアへ踏み込んだ途端、全才能を注ぎ込み完膚《かんぷ》なきまでに磨き上げる。まったく、ゼロか一〇〇かの人たちだ。

サルヴァトーレにはたくさんのことを教わった。と言うので、あえて一つだけ挙げるなら？　と訊ねた。

「ナポリの生き方、かな」

ナポリの生き方とは？

「利用されるなってことです」

「イ・デクマーニ」で働き始めたばかりの頃、なんでも覚えたい、自分でやってみたい中村は、同僚たちの嫌がる仕事も率先して引き受けた。もしも日本であれば褒《ほ》めてもらえる、あるいは、若い者なら「当然」といわれる姿勢である。

だが、それを見たサルヴァトーレは「やめろ」と厳しく釘を刺した。

「一度引き受けてしまうと、あいつらは次から〝その仕事はお前がやるんだろ？〟と言って何もしなくなる。雑用がどんどん増えて、全部お前がやらなきゃいけなくなるぞ。ナポリでは、利用されないようによく考えて行動しなきゃ生きていけないんだ」

そう言われても、自分は若いし、仕事はなんでも楽しいし、役割が多くなったって全然苦じゃない。そう返すと、サルヴァトーレは首を振った。

「いいや、それではフェアじゃない」

無給で学ばせてもらう研修生なら話は別だが、ナポリ人と同じ給料をもらって働く職人の一人である以上、「フェア」でなければ歪《ゆが》みが生じる。同僚にも仕事を振って、全員が対等に責任を持ち、チームで働く。それがナポリのピッツェリアなのだ。この抜け目ないナポリで、長年チームを司《つかさど》ってきた男の答えであった。

もう一つ。もしかしたらサルヴァトーレの目には、この二十一歳の日本人が急ぎ過ぎ、がんばり過ぎているように見えたのかもしれない。

彼が中村に繰り返し伝えた、イタリアのことわざがある。

『Chi va piano, va sano e va lontano.』

ゆっくりと行く者は、着実に、遠くまで行ける。

慌てるな。飛ばし過ぎるな。そんな心配と一緒に、「お前は遠くまで行け」と願う親心も伝わってくる言葉だ。

以来、中村は何かあるたびにいったん立ち止まり、自分へ言い聞かせるようにこのイタリア語を口にしている。

第八章　仲間

「趣味が一緒」で「似ている」二人

「イ・デクマーニ」で過ごした二〇〇五年、中村には、もう一つ出会いが待っていた。日本に戻るつもりのなかった彼が、後に東京で「ピッツェリアＧＧ」をともに立ち上げることになる、河野《こうの》智之《ともゆき》だ。

きっかけは、グラナダ時代にかわいがってくれた先輩、冨田《とみた》達朗《たつろう》（現・東京「タランテッラ・ダ・ルイジ」）である。ちょうど同年からナポリのピッツェリア「22（ヴェンティ・ドゥエ）」で修業を始めた彼が、ナポリで会おうよ、と誘ってくれた。そのメンバーに、ナポリ入りしたばかりの新添《にいぞえ》智久《ともひさ》（現・大阪「ラ・ピッツァ・ナポレターナ レガロ」）と、すでに「マリーノ」で修業を始めて八カ月になる河野がいた。彼らの「会う」とは、もちろんピッツァを食べることだ。

河野は同じグラナダ出身ながら、中村が退社した四カ月後に入社したため面識はない。ただ、会社内では〝十七、八でナポリに行ったヤツがいる〟と噂で持ちきりだったから、中村の存在だけは知っていた。

「先輩たちからは〝返事もできない無愛想な高校男子って感じ〟と聞いていたんですけど、会ってみたら全然違って。もちろん挨拶もちゃんとするし、むしろ感じのいい、話しやすいヤツでした」

たしかに銀座の「大人ばかり」のなかで顔を真っ赤にしていた少年は、大人たちの側にしてみれば思春期の無愛想に映ったのかもしれない。

とはいえ河野のほうも負けず劣らずの人見知りなのだが、なぜか二人は急速に気が合った。河野の部屋が契約切れになると中村の部屋に転がり込み、その隣室が空くと隣人になるほど、だ。

お互いに、群れるタイプではない。中村にいたっては、友だちはナポリ人ばかりのスパッカナポリコミュニティで生きていたのに「気づいたら」いつも一緒にいた。

勤め先は別々だが、仕事が終われば部屋に戻り（隣同士の時もどちらかの部屋で）、深夜二十四時過ぎから喋って、喋って、三時あたりで自分のベッドへ寝に帰る。それを夜な夜なだ。

休日もまた二人で、昼はピッツァか大衆的な郷土料理を食べ、近所の友だちの家へ行くか、そうでなければナポリの若者のようにただブラブラと街を散歩して夜になる。また晩ごはんを食べて、同じアパートへ帰る。

その間じゅう、どんなに話しても話すことが尽きなかったという。

一体何を、そんなに話すことがあったのだろう？

「ピッツァの話ですよ」

答えた河野は、ほかに何が？　と純粋に疑問な目をしている。

今日は何枚焼いた？　から始まって、生地がどうだった、焼き方はこうしてみた、打ち粉の使い方に延ばし方……。別の店で働く職人同士、お互いに「こんな時はどうしてる？」「ここに注意すればいいよ」といった相談もできるし、解決の糸口も見つかる。

一人では行き止まりに思えることでも、二人なら道が拓けた。

「たとえば生地を練る時も、僕の店はフォーク型のミキサー、拓巳の店ではダブルアーム型（人間が両手で捏ねる動きを模したマシン）を使っているので仕上がりが違ってくる。僕はダブルアームの生地のほうが好きだから、どうしたら近づけるか、とかそういう話を延々と。二人ともそれが楽しくて、まったく飽きない。そこが似ているんだと思います」

中村のほうにも同じ質問をすると、「趣味が一緒」と返ってきた。

「ゲームが好きな人は、何時間でもずーっとゲームをしてるじゃないですか。してない時でも攻略法とか一生懸命に喋ってる、そういう感覚です。二人ともピッツァが好きっていう、趣味が一緒みたいなもの」

ナポリとピッツァでつながった「趣味が一緒」で「似ている」二人だが、ナポリへ至るまでの道のりや背景に関しては、まるで違ったのだから不思議なものだ。

おもしろくないと続けていけない性格

職人としてのスタートは中村のほうが早いが、年齢は河野のほうが四つ上だ。

河野は一九八一年、東京生まれの東京育ちで、初等科から一貫して学習院。大学では経済学部経営学科に学び、ストレートで卒業している、おおよそ「職人」とは縁遠いと思われるコースを辿った人である。

ただ、食との接点は深かった。父は大手外食企業でファミリーレストランチェーンの役員を務め、平日は忙しくて家族との時間が持てない分、日曜は一家揃って外食の日。子どもながら、レストランの食事が好きだった。

それでも、この「好き」は食べる側としての話だ。

大学生になって就職活動を目前に控えた時、河野はまず、自分は何がしたいんだろう？と考えた。漠然と「自分がおもしろいと思えることがしたい」「自分で何かやりたい」の二つが頭に浮かんだものの、それが何なのか、具体的にはわからなかった。

とりあえず「おもしろそうだな」と感じた一社だけ就職試験を受け、二次面接で落ちてしまった。世界的な総合電機メーカー、ソニーの面接官たちに、「自動車を造りたい」と訴えたのだそうだ。

「ソニーで車って、実現すればおもしろいと思ったんです」

日本に環境省が発足したのは、河野が大学一年の時だ。電機メーカーで電気自動車を、なんて発想は、地球温暖化など環境への意識が高まる今ならば、なかなか先見の明があると認めてもらえそうなものだが、当時は自動車メーカーでさえ実用化に苦戦していた時代だった。ちなみに河野の発言から十九年後の二〇二二年一月、ソニーグループは電気自動車事業への参入を発表している。

この主張が不合格の決め手になったかどうか定かではないけれど、ここでわかるのは、まだ誰も見ていないところ、より本質を見ようとする河野の指向性だ。

彼はバブル崩壊後のロストジェネレーション、または就職氷河期と呼ばれた世代。多くの大学生が、自分のやりたいことよりも就職できるかどうかで必死だったなか、人波を逆流するように「自分がおもしろがれる何か」を探すほうへと向かっていった。

「就職活動では（能力、性格を見極めるための）適性検査をしますよね？　それを受けることで、自分のことが客観的にわかるんです。僕は、僕自身がおもしろくないと続けていけない性格なんだな、ってことがわかりました。企業に就職しても、きっと辞めるだろうと想像できてしまった。今振り返るとなんかおかしいですよね。まだ合格も就職もしていないうちから、会社の第一線で働く自分を勝手にイメージして、勝手にそう結論づけていました」

同じ頃、「生きていく」ことに向き合わざるを得ないできごとも起こった。

従兄弟の余命が、いくばくもないことを知らされたのだ。家が近所で、河野と二歳しか違わない。小さい頃からよく一緒に遊んで育った彼の、これからも続くはずだった人生を思った。

「あたりまえなんですけど、あらためて、命の時間は限られているんだと思い知ったというか。誰だって、いつどこでどうなるかわからないんだから、やっぱり、やりたいことをやって生きようと決めました」

大学四年生の春に就職活動をすぱっと止め、焼鳥店でアルバイトを始めた。

なぜ唐突に焼鳥かというと、じつは唐突ではない、彼なりの戦略がある。

「やりたいことってなんだろう？　と考えて、具体的にはわからないけど、子どもの頃から好きだった〝食〟が浮かびました。でも当時僕はもう二十二歳で、料理人を目指すには、高校を出て調理師学校へ進んだり、すぐに修業を始めた人たちに比べて大学四年分の〝ハンデ〟があります。しかも料理が得意なわけでもない、自炊程度しかしたことのない人が、料理をゼロから始めるんじゃ追いつけない。だったら幅を絞って、専門性があり、何か一つを突き詰めていく分野ならチャンスはあるんじゃないかと思いました」

候補に挙がったのが、焼鳥とピッツァ。

その結論に至るまでの、河野の頭のなかはこうだ。

調理において、栓をひねれば火がついてコントロールも自由自在なガス火より、炭や薪を燃やす「原始的な火」のほうが難しいんじゃないか。

難しいほうが、おもしろいんじゃないか。

「メラメラするような朱《あか》い火で食べものを作るって、すごいなと思ったんですよね」

ピッツァの本場はイタリアだからすぐには行けないが、焼鳥なら日本にある。ということで、四年生、同級生たちがスーツを着て就職活動も大詰めの時期、彼は麻布の焼鳥店でアルバイトを始めた。三カ月後に交通事故に遭い、靭帯断裂《じんたいだんれつ》の怪我を負って退職したが、焼鳥の仕事は経験できた。

三月の卒業まであとわずか。次は、ピッツァを見に行く番だった。

大学出の職人

二〇〇四年二月、卒業を目前にして単身イタリアへ飛んだ。

サッカーセリエAのボローニャFCに在籍していた中田英寿の試合も観つつ（河野は初等部からサッカー部）、ミラノ、ナポリ、フィレンツェ、ボローニャ、ローマへ。二週間の日程中、ナポリには五日を割《さ》いてピッツァを食べる計画である。

ミラノから特急電車でナポリ中央駅に着き、ホームから出ると、呆然としてしまった。駅前はゴミだらけで、割れた瓶のガラスまで散乱している。悪臭もきつい。ミラノで見た荘厳なガレリアとは、まるで違うイタリアがあった。

「汚い街だな」

やたらと高低差のある石畳の穴ぼこやゴミの合間を縫って、スーツケースをガタガタ鳴らしながら、スパッカナポリのホテルまで歩く。臭くても、汚くても、ジプシーの視線が不気味でも、食べるものは食べるのだ。

『地球の歩き方』に載っていた「ダ・ミケーレ」、地元の若者に人気があるというリストランテ・エ・ピッツェリア「ロンバルディ・ア・サンタキアーラ」、サンタ・ルチア港を臨む魚介料理店「ツィ・テレーサ」。あとはホテル近くのバールで「おいしいピッツェリアを教えて」とカタコトのイタリア語で訊ね、教えてもらった「アンティーカ・ピッツェリア・ディ・マッテオ」へ。

「やっぱり、うまい！　って。このお店だけじゃなくて、現地のナポリピッツァそのものが衝撃でした。生地うまい、トマトソースうまい、チーズもうまい。こんなうまくて、あのでかさで、この安さで」

どうしたら、こんなものができるのか。

窯の前に目を向けると、白いTシャツを着たおじさんが黙々とピッツァを焼いていた。その傍らには、やはりひたすら生地を延ばし続けるおじさんも。ナポリ人はさぞ陽気に働くのかと思いきや、彼らは無駄口を叩かず、淡々と自分の仕事をこなすだけだ。ただ、驚異的なスピードと正確さをもって。

これが職人というものか。

「まったく無駄のない動きで、何枚も何枚も。きっと何十年もこうしてきたんだろうな、と想像したら、おじさんたちの姿がめっちゃカッコよく見えたんです」

この職業に就きたい、という気持ちがはっきりと湧き上がってきた。僕はナポリで、ナポリピッツァの職人になりたい、と。

日本に帰ると、さっそくナポリピッツァの店を探して、多くの店舗を持つグラナダに電話をかける。会社のほうは、河野の履歴からして総合職への応募だと思ったのか「新卒の募集は終了しました」と返された。

「そうでなく、ピッツァ職人の仕事がしたいので現場で働かせてください」

食い下がると、ピッツァ部門の統括責任者であった馬島が電話口に出た。

「大卒だろ？　みんな若いうちから始めているのに、今から職人修業なんて無理だろう」

そう言う馬島も上智大学卒業、広告会社に勤め、脱サラで職人になったことを知っていた河野は「大丈夫です」とだけ答えた。

中村が「ナポリに行きたい」と告げた時もそうだったが、馬島はいったん「無理だ」と突き放す。そうして困難な理由をいくつも挙げるのだが、もしかしたら「それでもやりたい」強い気持ちが本人にあるのかどうか、試していたのだろうか。

少なくとも河野は、試されている気がした。

「無理って言った後、〝雇ってもいいけど、月一〇万円だよ。それでもがんばれるなら来い〟という感じだったので。僕は実家暮らしだからまったく問題なかったし、修業のつもりでいたので、最初から〝給料はもらえるだけでいい〟と考えていました」

配属は、日本橋に竣工したばかりの「コレド日本橋」に開店したピッツェリア「ダ・チーボ」。洗い場と仕込み、前菜の補助が主な仕事で、包丁を握るのが初めてと言っていいレベルの河野は、何をするにも時間がかかった。

ピッツァの仕事まで遠い道のりになりそうだし、上司や先輩も新店舗立ち上げに忙しく、教えてもらえる余地もない。

早くピッツァに触りたい。馬島に直談判すると、夜の営業だけ系列の「イゾラブル」へ配属してもらえた。銀座に開店して三年目、一〇〇席規模の繁盛店だから職人も複数いて、ピッツァを学べる機会はあるだろう。

だが今度は、教わっていても何か違う気がして仕方がない。ナポリピッツァを東京で、ナポリへ行ったことのない日本人から習うという、もどかしさ。

焦り、悶々《もんもん》とする日々。仕事帰りに同僚たちと飲みに行けば、愚痴や誰かの悪口を聞くことになった。深酒をして翌日に遅刻をしたり、無断欠勤する先輩もいた。

そういう業界なのだろうか？　職場とは、仕事とはなんなのか。大学を出たばかりの河野は、どこを目指していいのかわからなくなってしまった。

「だけど、同じ会社の別の店には大坪さんや、北イタリア料理店でシェフを務めていた北《きた》村征博《むらゆきひろ》さん（現・東京「ダ・オルモ」オーナーシェフ）などイタリアで長く修業してきた人たちがいました。彼らはいつも前向きな、いい空気感を持っていて、素直に尊敬できた。

イタリアっていう国に何か理由があるのかな？　って謎でした。

そんな時先輩に、うちの会社から高校生ぐらいの年でナポリに行った、中村ってヤツの話を聞いたんです。そんなに若くして行ったんだ……って、ショックでした。向こうで仕事が見つからなくて苦労してるみたいだぜ、ってみんなは言うけど、それでもそいつは行ったんだな、と」

自分は何をしているんだろう。

早くナポリに行きたい、行かなきゃ始まらない。辞めるなら、まだ戦力になっていない今のほうが会社にかける迷惑は少なくて済むかもしれない。

はやる気持ちで、入社から二カ月後の六月、河野は上司に辞意を伝えた。

それからは渡航費用を貯めるため、工事現場のアルバイト。語学学校の入学費用、授業料など半年分を捻出《ねんしゅつ》したところで、ナポリへ飛んだ。

他国を受け入れ、他国にも受け入れられた者

二〇〇五年一月。

河野の場合、ナポリへ着いて一週間で、勤め先のピッツェリアはあっさりと決まった。ピッツェリアに直談判してはことごとく断られ、「できれば働きたくなかった」危険地帯の店に決めるしかなかった中村とはまるで違う。

何が違ったかと言うと、「時期」と「つて」だ。

ナポリでは誰かの紹介や口添えがなければ何ごとにも身動きがとれないが、二〇〇四年に渡った中村の周りには、ピッツェリアで働く日本人やその知り合いがいなかった。

翌年、河野は中村も通っていた語学学校に入学したが、同じクラスに日本人男性のピッツァ職人がいた。

鹿子嶋健太郎《かごしまけんたろう》(現・大阪「ピッツェリア・ダ・ティグレ」)。「ピッツェリアで働きたいなら、日本人の職人を探している店があるよ」と河野に仕事を振ってくれたのは彼だった。聞けば、その店で働く日本人が帰国するため、代わりの日本人を探しているという。

たった一年の差だというのに、日本でのナポリピッツァ人気は、ナポリの日本人人口を増やすほどの猛威《もうい》を振るっていたのである。

料理の修業先もそうだが、一度日本人を雇った店は、多くが「次も日本人」を探したがる。辞めるなら代わりの日本人に引き継いでくれ、とオーナーに言われ、連鎖していくパターンがイタリア修業のスタンダードにさえなっている。

安い賃金で真面目に働いてくれるから？　それもあるが、修業先のオーナーや仲間たちと「ファミリー」になって帰ってくる日本人コックやピッツァ職人たちを見ていると、条件の問題だけではないとわかる。

では、その親和性の正体は何か？　イタリア人シェフの何人かに訊ねたことがある。

「日本人は、他国の文化に敬意を持つことができる」

だいたいがそんな言葉を返してきた。よその国に来てまで自分のルールを貫く外国人は多いが、日本人は受け入れ、学ぼうとするという。もちろん日本人なら全員というわけではないけれど、イタリアで何かしらを身につけて帰った者は、他国を受け入れ、他国にも受け入れられた者であることは確かだと思う。

日本は世界でも稀《まれ》に見る、世界中の料理が食べられる国。その理由の一つが、ここにあるような気がしている。

河野の仕事もまた、前任者が日本人（岡田茂記《おかだしげき》。現・東京「ピッツェリア オカ」）。二週間ほど一緒に働き引き継ぐという、まだイタリア語がまったく話せない河野にとって、日本語で仕事を覚えられる好条件だった。

勤め先は、サンタ・ルチア通りで一九三四年に創業したリストランテ・エ・ピッツェリア「マリーノ」。

ナポリ民謡『サンタ・ルチア』の舞台にもなった、この美しい海側のエリアは、リゾートホテルや庁舎も建つ高級街でもある。「マリーノ」はピッツァと魚介料理に定評があり、観光客だけでなく、州知事をはじめとした政治家や著名人も顧客に名を連ねていた。

「ピッツァはクラシックな、ずっしりとした感じで味も濃い。おいしかったです」

創業からずっと同じファミリーで営まれ、オーナーはカメリエーレ。ピッツァイオーロが一人、その兄弟が料理のシェフを務め、スタッフも全員親子ほど年の離れたベテラン揃い。まさに、「カッコいい」と憧れた職人たちの世界に飛び込んだのだ。

彼らのほうもまた、まだピッツァ職人にもなっていない二十三歳の日本人青年を温かく迎えてくれた。

日本では生地の仕事ができるのは遠い先のように思えたが、ここでは初日から捏ね方を教えてもらえた。捏ね、発酵、成形、焼き方までひと通り。といっても塩と水以外の計量はなく、体で覚えるのだ。日本人の先輩、岡田がいなくなってからも、ナポリ人が手取り足取り見せてくれ、河野はその真似をする。

「二十四時間ナポリにいられる、ってことが幸せで。言葉もナポリ語だし、常に刺激を受けっぱなしの濃い日々でした。でも僕にはタイム・リミットがあったので、さらに濃くしなきゃいけない、と」

　基本的には、昼も夜もフォルナイオを務めながら、夜二十二時になるとピッツァイオーロが帰るため、そこから閉店までの二時間ほどは「焼き」と「生地」の両方を担当する。やがて、昼営業の生地作りも河野の仕事になった。

　錚々《そうそう》たる賓客《ひんかく》が訪れる店の、日々実戦のなかで仕事を任され、自分が伸びる。ナポリの毎日が楽しくて仕方ない、というピークで半年の期限がきた。

「最初は、半年あればピッツァを作れるようになるんじゃないか？　と思ってたけど全然。技術もまだまだ、ナポリのこともまったく知らない。第一、どんどんおもしろくなっていたので、これじゃ帰れない。オーナーに〝絶対九月に帰ってくるから、ちょっと待ってて〟と言って、八月のヴァカンスに一時帰国してヴィザを取り直しました」

　約束通り、河野は九月にナポリへ戻ってきた。

　中村と初めて会ったのはこのタイミングだ。もう一度ナポリで働ける、もっともっとうまくなりたいとやる気に満ちた、まさにその頃だった。

日本に帰るつもりのなかった中村に対し、河野のほうには日本に帰り、東京でナポリそのままのピッツェリアを開店する、という目標が明確にあった。

「現地と同じ材料、同じ技術、同じ価格帯で」

ナポリへ来て、東京のピッツェリアは「全然違ったのだ」と感じたから。違ったのはピッツァの味だけでなく、店の造りも、ピッツェリアとしての在り方そのものも、である。

「ナポリのピッツァは、何十年も焼いてきた職人の、めちゃめちゃうまいピッツァが三、四ユーロくらい。子どももおじいさんも買いに来る、老若男女の食べものです。でも日本では経験の浅い職人のピッツァが二〇〇〇円以上もしたり、お洒落した男女が、ピッツァ食べながら高級ワインを開けている。なんかずれているというか。もちろん、日本の事情や日本人に合わせたらそうなる、ということかもしれない。それはそれなんですけど、ナポリのピッツェリアじゃないなぁってことです」

南イタリア風のインテリアより、イタリア人スタッフより、もっと肝心な何か。

第一ナポリで〝ピッツェリア〟と名乗るなら、パスタもなくてピッツァだけの店のことだ。ほかにあるとすれば揚げ物くらい。「マリーノ」のような〝リストランテ（またはトラットリア)・エ・ピッツェリア〟では料理も提供するけれど、その場合も日本とは違い、たとえば「シェア」の習慣などがない。

イタリア料理には前菜・プリモピアット・セコンドピアットの流れがあり、ピッツァのパートは、パスタやリゾットと同じプリモピアット。もしも二人で来店し、一人がパスタ、一人がピッツァを頼んだとすると、ナポリでは、ピッツァとパスタがそれぞれの前に同時に現れる。もちろん、ピッツァは一人一枚だ。

片や日本では、多くの場合「シェアされますか?」とサービスが訊ねるだろう。これまた十中八九は「お願いします」となって、先にパスタ、次にピッツァが時間差で半分ずつ差し出され、分け合うことになる。

河野は何も、型どおりが正しいと言いたいわけじゃない。

郷土料理も、その店の在り方も、土地の歴史や文化を経て「そうなった」形。異国の食文化を異国で紹介するのだから、正しく伝え、ナポリピッツァという郷土料理が背負っているすべてに対して敬意を払いたいのだ。

河野が日本を発った二〇〇五年当時の東京には、そんな店はまだないように思えた。だったらそれをつくりたい。ほとんど愛、それから使命感と意義。また経営者としては、誰も成し得ていないからこそビジネスチャンスでもある。

「ピッツァと揚げ物だけで勝負するピッツェリアでいく」

そういう野望もまた、中村に語れば「それいい！」とわかってくれる。河野の心のなかでは、いつしかその計画に中村も加わっていた。

「もともとは一人で独立するつもりでナポリへ来たんですけど、仲間を誘ってみようかと考え始めたのは、やっぱり拓巳だったから」

河野いわく、嘘のない人、なのだそうだ。

オフの時間にちょこちょこ「イ・デクマーニ」へ顔を出すと、そこで働く中村の仕事には妥協も中途半端もない。そんな仕事をしてしまったら、たぶん自分自身が納得できないのだろう。職人として、仕事に嘘がないなと思った。

共同生活では、二人とも貧乏だったけれど、お金で揉《も》めたこともなければ喧嘩《けんか》もない。嫌な思いをしたことがない。お互いに嘘をつかない彼らは、人間としても信用し合えた。

「俺が出資者を見つけて必ず店をつくるから、東京で、ナポリと同じピッツェリアを一緒にやらないか？」

その言葉を残して、河野は二〇〇六年十一月に帰国した。

ナポリに残るか、日本に帰るか？

誘われたものの、中村のほうは当時、これから先もずっとナポリで暮らすつもりだった。ナポリ市民としてきちんと登録し、税金も払い、期限を気にせず働いていけるよう、就労ヴィザの手続きを進めていた最中だったのだ。

「イ・デクマーニ」のオーナーも彼のために関係各所を奔走《ほんそう》し、弁護士を雇って複雑な書類を作成してくれた。弁護士まで駆り出さねばならないほど、イタリアで外国人が就労ヴィザや滞在許可証を得ることは困難極まりない。

居住許可証などの申請、社会保険加入の保証といった手続きごとや、揃えなければいけない書類も多い。加えてイタリアの役所は気が遠くなるような時間を要し、結局うやむやになるなんてことも、もはや〝一般常識〟だ。

中村は弁護士の指示通り、一時帰国した際に書類を持って大阪にあるイタリア領事館へ行った。だがナポリで用意された書類が「違う」と指摘される。もう一度ナポリへ帰って弁護士に確認すれば「これでいい」と返される。いったいどこで何が食い違っているのか。期限が刻々と迫りくるなか、オーナーも中村も、もはやお手上げだった。

日本へ帰るか。それとも、綱渡りで就学ヴィザを更新しながらナポリに残るか？

できるかもしれないし、無理かもしれない。

イタリアのルールはまるで気分次第のように変わり、昨日はOKだったことが今日はNO、なんてことも日常茶飯事だ。本人がナポリで働きたくても、ナポリの人が望んでくれても、就労ヴィザがなければ明日はわからない。そしてもしもグレーなまま働いて摘発されれば、罰金も含めた処罰が下されるのは、お世話になったオーナーだ。

もう、単純にピッツァのことだけ考えているわけにはいかない時期がきた。

ナポリにいながら、ピッツァ以外のことで悩まされなくてはいけない毎日のなかで、中村の気持ちには変化が起きていた。

「ナポリに来た時は〝自由〟を感じていたんですけど。この一件で、自由な部分もあるし、そうでない部分もあるかもしれないと思えてきたんです」

それはたぶん、自分が日本人だから、と彼はつけ加えた。

まずはこういった役所関係の手続きごとも、必ずと言っていいほどうまくいかない。ゴタゴタは起こって当然。わかってはいるが、でも今、それは「自分が生きたいように生きられない」ことと直結している。

中村は、十八歳で飛び出した日本のことを時折考えるようになっていた。これまではナポリがすべてで、向き合うことさえなかった故国の、いいところ。

「日本は、法のもとでは自由。それは守られた、圧倒的な自由だったんだなと、日本から離れて暮らしてみてわかりました」

〝日本人の自分〟に気づいた時、一生ナポリ、という未来が見えなくなった。


このタイミングで、中村にはもう一つ、日本での仕事のオファーがきていた。ナポリに本店を構える老舗ピッツェリアの大阪出店が決まり、ピッツァの責任者としてポストを用意する、という内容。

中村にとっては「日本に戻っても、ナポリとつながりながら働ける道」だ。本店と行き来するため、最低でも年に一度はナポリへ行かせてもらえるだろう。ナポリをよく知るメンバーを揃え、本店と同じ窯を造り、材料も潤沢に違いない。

「一瞬、考えた」

と言いながら、中村はこの話をすぐに辞退し、河野の新しい店のほうへ参加すると返事をしている。ピッツァ職人憧れのビッグネームより、いつ、どこに開店するかも決まっていない仲間の店を選んだ、ということだろうか?

訊ねると、「ああ、そんなカッコいい理由ではなくて」と彼はさくっと訂正した。

「話があったナポリの店は、ピッツァそのものが、サルヴァトーレが教えてくれたことと違い過ぎたんです。僕がナポリで覚えたこと、『イ・デクマーニ』で積み重ねてきたことを一回捨てて、そっちの考え方に変えなくちゃならない。それは、サルヴァトーレたちを裏切ることのような気がしたんですよね、なんか。もちろん職人だから、店を移ればその店のスタイルに合わせて焼きますけど、根本的に違い過ぎる店となると難しい」

イタリアで働こうが日本で働こうが、世界のどこにいても、自分が過ごして感じた「ナポリ」を引き継いでいきたい。そこは譲れない。

そう腹が決まった時、河野の言う「ナポリそのまま」は誰の言葉よりも信頼ができた。なぜならリアルタイムで「ナポリ」をともに過ごし、見てきたもの、いいなと感じたこと、嫌だと思ったもの、すべてを共有してきたのだから。

「でも、そんなめちゃくちゃ大決断ってわけじゃないですよ。それで人生決まるわけじゃないし、先のことはわからないけど。智さんなら安心して仕事ができるな、じゃあやってみようか、って感じでした」

中村が日本へ戻ったのは、河野の帰国から三カ月後、二〇〇七年二月のことだった。

第九章　開店と移転

「イタリアンなのにパスタないの？」

二〇〇七年十月、二人は東京で「ピッツェリアＧＧ」を立ち上げた。ＧＧとは「ＧＵＡＧＬＩＯＮＥ」（ナポリ語で、ワッリョーネと発音する）の略で、若者を指す言葉。ニュアンスとしては「若いやつら」や「若造」のようなラフな呼び方らしい。

二十六歳と、二十二歳のピッツェリアである。

河野が出資者を探し出したのだが、メジャーな街に出店するほどの資金は得られなかった。新宿から中央・総武線の各駅停車で二つ目の東中野駅。ビジネス街でも歓楽街でもない住宅のエリアで、商店街の入口に建つ二階建てだ。

それでも、一階にはナポリから輸入した薪窯を設《しつら》えた。

「現地と同じ材料、同じ技術、同じ価格帯で、東京のナポリピッツァを」

当時の消費税五パーセントを含み、マリナーラが六五〇円。「イ・デクマーニ」のピッツァが四ユーロだから、二〇〇七年のレート（一ユーロ＝一六〇円前後）で約六四〇円、ほぼ同額である。

驚きの数字だ。マイナーな街とはいえ東京の家賃、イタリアから輸入する材料費、職人の人件費。あらゆる経費がいちいち高いから「東京のピッツァは高い」わけで、誰もその壁を越えられなかったのだ。

ところが河野は、薄利多売の論理で叶えようとした。数を売れば低価格が実現できる、と踏んだのだ。

中村もまた、成功を疑いもしなかった。

「その頃、日本ではナポリピッツァがすごいことになってましたけど、でも〝ナポリそのままのピッツェリア〟となると、まだなかったので。価格が高いから、みんなレストランみたいな感覚で行くし、お店のほうも料理や高いワインを置いてそうしている。インテリアがイタリアっぽいとかじゃなくて、本当の意味での〝ナポリだよなぁっていう、らしさ〟があるピッツェリアをつくればいけると思いました」

これからバンバン焼いて、バンバン売る。そうして日本の人たちに、ナポリの日常の味を楽しんでもらおう。そんな青写真を描いていたのだが、蓋を開けてみれば、彼らいわく「マジでびっくりするほどの閑古鳥」だった。

低価格に設定したことが、逆に「質もそこそこのチープなピッツァ」だと思われてしまったのか。それとも、人見知りの職人二人による接客（のなさ）が商店街にそぐわなかったのか？

お客が来てくれたとしても、「えー、イタリアンなのにパスタないの？」とブーイングが上がる。お昼には六人だのの八人だのの女性グループが、一枚のピッツァを六等分や八等分にシェアし、後はカッフェ一杯でランチ営業終了までお喋りに花が咲く。彼らの意気込みは次第に萎《な》えていった。

しかしお客の側にしてみれば、それが〝いつも通り〟なのだ。

日本のカフェやファミリーレストランは、お客の自由度が高い。いつでも、誰でも、何人でも、コーヒー一杯でもウェルカムな包容力。お水が減ったらさっと替えてくれるような、至れり尽くせりのサービスがあたりまえ。

それに慣れている人々が、同じ感覚で「ピッツェリアGG」のドアを開けているだけである。ここは日本。東京といってもあちこちから人が集まる流行の街でなく、商店街を歩くのはおおむね住民のローカルな街だ。

イタリアに行ったことのない人も多いだろう。ましてや現地のピッツェリアなんて誰も知らないし、話題のナポリピッツァを食べてやろう、と狙って来るわけでもない。日常の街では、よく知っている感じのピッツァが食べたいのであり、「ナポリそのまま」など誰も求めていない、興味もないのだ。

商店街に必要だったのは、むしろお客に都合のいい使い勝手や、コミュニケーションのほうだった。こっちの土俵では、世間話は苦手でも腕で勝負する職人の仕事ぶりは「愛想の悪さ」と取られ、ピッツァを店員が切り分けないナポリ式は「サービス力の低さ」とみなされる。ピザカッターを使うのはアメリカ式で、ナポリではナイフとフォークを使い自分で好きな大きさに切ることなど、知ったこっちゃないのだ。

二人が実現したいことと、目の前のお客の望みはまるで嚙み合わない。ついには、メニューに「人数の半数はピッツァを頼んでください」とのお願いを書くまでに至った、二人の悔しさたるや。

中村は、どんどんわからなくなっていった。

「ナポリの感覚では、日本で通用しないんだろうか？」

河野のほうは、しかし腑に落ちてはいなかった。

「ナポリと同じで何が悪い？」

自分がナポリで経験してきたことだけが、信じるに足ることだと思っていたのだ。

朝から晩までピッツァを作り、眠る寸前までピッツァの話に明け暮れた、ピッツァ漬けの日々。楽しかっただけじゃない。ナポリピッツァと名乗るには何が最も大切か、失くしてはいけないことか、ピッツァ職人として生きていくための基軸を考えに考え、摑んで帰ったのだ。

昨日今日の数字に慌てて、ニーズというもっともらしい言い訳をつけ、本当にやりたかったことを見失ってしまうことのほうが「失敗」だ。

揺らがない河野はなんと、さらに「ナポリそのまま」へとアクセルを踏み込んだ。もうすぐナポリから帰ってくるピッツァ職人、三條実永《さんじようさねなが》(現・京都「ピッツェリア ダ・ナギーノ」)を迎えることに決めたのだ。小学校からの友人でもある三條は、じつはナポリへ遊びに来た際に河野の働く「マリーノ」を訪れ、わずか半年後に自身もまた「マリーノ」で修業を始めたのだった。彼はきっと、ナポリの匂いをプンプンさせて来るだろう。

フリーランスのピッツァ職人

だが、中村は店の現状を考えた。

今の売上で、職人を三人も雇えるのか。現オーナーは給料を滞《とどこお》らず支払ってくれるけれど、どう考えたって無理がくる。一人減ったほうがいいんじゃないか。

「俺、抜けるよ」

そう河野に告げた彼は、身を引いたのではなく、逆に見限ったわけでもないと言う。

「ただ、きつかったんです」

お客の来ない現実が、だろうか？　あるいは、誇りを削ぎ取られてしまった？　そもそも東京での生活が息苦しかった、とか？

答えは、私が想像したどれとも違っていた。

「何がきついって、やっぱり（お客が少ない分）〝焼けない〟ことです。あの頃の僕には、ピッツァを焼くこと、ピッツァを作ることがすべてだったから。なんて言うか、ピッツァを焼くことが生きること、というか」

ナポリで一日数百枚を焼いていた毎日から一転、日本でナポリほどの数は出ないことくらい承知の上だったが、まさかこれほどまでに「焼けない」とは。

アスリートの練習と同じように、ピッツァ職人が数を焼けなくなれば、勘も、体の動きも、腕も鈍る。暇を持て余すなんて耐えられない。「土曜の夜は誰にも渡さなかった」職人にとって、それは恐怖でさえあった。

「本当なら、一日中焼いていたい。今でさえ昼夜の交代制なのに、職人が増えればもっと焼けなくなりますよね？　ピッツァを焼く機会を奪われてしまったらと思うと、気持ちがもたなかったんです」

誰のせいでもないし、決別でもまったくない。

単に今は、それぞれの道を歩こうとしているだけだ。そう河野も受け取って、「こっちもがんばるから、そっちはそっちでがんばれよ」と中村を送り出した。

開店からちょうど一年で「ピッツェリアGG」を出た中村は、腕一本で店を渡り歩く、ナポリのピッツァ職人さながらのフリーランスな生活を送った。

当時大坪がシェフ・ピッツァイオーロを務めていた中目黒「ダ・オルト」と、その二号店となる千歳船橋「オルタッジョ」の立ち上げに参加（ともに現在閉店）。オーガニックの原材料を使ったピッツァと料理の店で、中村は初めて国産小麦粉のピッツァを作った。

「僕にとっては新しいことだったので、勉強にもなりました。職人としてまた一つ、おもしろい経験ができた」

役目を終えると、次はナポリへ「焼き」に行く。

二〇〇九年六月。

チェントロ・ストーリコの路地に立つと、懐かしい匂いがした。洗いたての洗濯物が放つ柔軟剤の芳香、それぞれが遠慮なしにつける強烈な香水、ガソリンにオイルを混合した古いベスパの排気ガス、どこからともなく流れくる煙草の副流煙。そしてピッツェリアにどかっと積んである、紙袋に入った小麦粉の素朴な香り。それらは街自体が発する匂いとなって、古い石畳にも染みついている。

これで何度目のナポリだろう？　初めてこの街へ来た時から数えれば五年が経っていたけれど、それでも彼はまだ二十三歳だ。

その辺を少し歩けば知り合いだらけで、「チャオ！　タク！」と声がかかる。二年ぶりなのに、まるで昨日も会ったようになんでもない話を彼らと交わして、中村が向かったのはピッツェリア。もちろん客席ではなく、窯の前である。

「ナポリのピッツァを、焼きたくて焼きたくてたまらなかった」

テイクアウトが中心の「ダ・トニーノ」で二カ月、古巣の「イ・デクマーニ」で一カ月。この短い間にも飢《う》えていた感覚がみるみる蘇《よみがえ》っていく。坂道を転がるように加速するスピード感、ピークを迎えた時間帯の集中力。久しぶりに、水を得た魚になった。

ナポリでの勢いのまま、東京に戻っても中村は焼き続けた。

「ピッツェリアＧＧ」にも時間制で復帰。人手が足りないと聞いた表参道のトラットリア・エ・ピッツェリア「ナプレ」と掛け持ちでも働いた。

知らない店でも、おもしろそうなら行って、焼いて。条件の違う窯や生地と向き合いながら、その店のピッツァの個性を摑んでいく作業が、楽しくてしょうがない。

「日本でも、こんな生き方ができるのか」

一職人としてさまざまな店で働く選択肢があったのは、もはやそれだけ日本にナポリピッツァの店が揃っていたからである。

ナポリピッツァの大旋風を象徴するかのように、一九九五年に開業した「サルヴァトーレ」（現「サルヴァトーレ・クオモ」）と「サヴォイ」（創始者の柿沼佑武は二〇〇七年に経営の権利を手放し、自身の店「聖林館」を開店）をはじめ、一九九九年創業の白金「イゾラ」や「ナプレ」、二〇〇〇年の「パルテノペ」といった東京における創生期の店は、こぞって多店舗展開。

それら以外にも「ナポリピッツァ」を謳う店は企業系、個人店問わず増える一方で、ナポリで修業した職人たちはそれらの店に招かれたり、独立してピッツェリアを構えたりと活躍していた。

真のナポリピッツァ協会日本支部が、二〇〇六年に設立された影響も大きいだろう。

これを機に、国内九軒だった認定店は急速に増えて、三年後の二〇〇九年時点では二六軒だ。イタリア料理の世界が長らく東京の一極集中であったのに対し、ナポリピッツァは地方にまで早く広く及び、その市場はまだまだ減速することのない余力を感じさせた。

つまり、技術を持つピッツァ職人は引く手あまただったのだ。

「まだ独身だったし、お金に困っているわけでもないし、何してもいい。新しい場所で新しいことを覚えるのも楽しい。でもどこかで、いつまでもこの生活が続けられるわけじゃないんだろうな、とも感じていて。だから楽しかったのかもしれません」

言葉通り中村には、この夏休みのような季節の終わりが見えていた。「ピッツェリアＧＧ」を軌道に乗せた河野が、経営権を得て晴れてオーナーとなり、移転リニューアルする計画を立てていたからだ。

起死回生

日本にもわかってくれる人はきっといる。いつか認めてもらえる。確証はないが信じて疑わなかった河野に、本当にその日がやってきたのは二〇〇九年四月だった。

飲食店レビューサイト『食べログ』で人気のレビュアー・久留米指向《くるめしこう》が、「ピッツェリアＧＧ」を高く評価したのである。

サイトに書かれたレビューは、次のようなものだった。

■総合評価■

イスキア島のピッツェリア「ダ・ガエターノ」で働くトミーさんから教えてもらった日本にある美味しいナポリピッツァの店。この店の店長はナポリのサンタルチアにある「マリーノ」で修行したピッツァ職人。今年の7月にはまたナポリに戻るという。「現地の感覚を忘れないために」だそうな。技術的にはもう学ぶことも無いと思ったので「何しに行くの?」と聞いてみた。

■料理・味■

一口で言うと、ナポリと同じピッツァ、美味しい!安いのと、種類が多いのにも驚く。日本では多かれ少なかれ日本人向きにアレンジをする、また諸般の事情からアレンジをせざるを得ないのだが、河野ピッツァイヨーロ(本書ではピッツァイオーロと表記)が焼くピッツァはナポリと同じ。

■サービス■

ナポリと同じ、さらっとしたサービス。

■雰囲気■

メチャナポリです。カメリエーラはナポリから来た女子大生、カプートのTシャツは彼女が着ていたものです。

■禁煙状況■

店内完全禁煙です。イタリアと同じ、すばらしい！

（原文ママ。『食べログ』より抜粋）

二〇二二年の今読み返すと、「美味しい！」「すばらしい！」以外はさほど、ものすごい褒めているようには感じないかもしれない。しかし当時の私たちは、日本で食べるナポリピッツァが「日本人向きにアレンジをする」「せざるを得ない」なんて知らなかった。

このレビューは、ナポリピッツァを熟知している人が「ピッツェリアＧＧ」を解説してくれたのである。本場ではそんなにピッツァが安いのか！　「さらっとしたサービス」も、むしろ現地と同じだったのか！　と、ナポリを知らぬ大多数はここで初めて驚いたのだ。

久留米指向の正体は、写真家・小澤武《おざわたけし》である。

一九八〇年代グルメブームの時代からフランス料理を食べ込み、食の口コミサイト黎明期に誕生した『ａｓｋＵ（アスクユー）東京レストランガイド』（一九九六年〜）に投稿。イタリアンが盛り上がっていたこの時代、まだまだ開拓、発掘の余地があるイタリア料理に可能性を感じ、シフトしていく。

初めてのイタリア旅行で北から南まで食べ歩いたなか、食でも人でも圧倒的な魅力を放つ街がナポリだった。

「とにかく楽しい、のひと言に尽きます。ピッツァを通じてすぐ友だちになれる」

以後ナポリへの旅を繰り返し、現地でも日本でもさまざまな店のピッツァを経験した。

小澤本人に、「ピッツェリアGG」へ訪れた当時の記憶を訊ねた。

東中野なる「山手線外のマイナーな町」で営む無名のピッツェリアを訪ねたのは、かつて青木（六〇頁）も修業した「ダ・ガエターノ」で六年間、もはや戦力となって働いていた日本人、トミーこと舌間智英《したまともひで》（現・福岡「ピッツェリア・ダ・ガエターノ」）から「行ってみてください」と聞いたからだった。

「これまで日本で食べてきたナポリピッツァとは、全然違う！　と感じました。河野ピッツァイオーロが焼いたピッツァは本物だと。レビューに書いた通り、ナポリと同じ。異なる点を挙げるとすれば、生地を二一〇グラムと、現地のピッツァより七〇グラムほど少なめにしていたことと、GGのほうがおいしいことくらいでした」

では「本物」とは何か？

訊ねると、小澤には、それを認めるための基準が明確にあった。

「五つあります。姿・窯・粉・腕と、もう一つは最後に言いますね。姿とは見た目、縁の立ち上がりや焼き加減、裏側の焼け目などから窯の温度や火の通り具合がわかります。たとえば、裏側の焦げにムラがあるのは炉床の蓄熱性に問題がある証拠で、いい火の入り方じゃない。

窯とは、もちろんナポリ式の薪窯、それだけでなく大きさなどもピッツァに影響を与えます。粉とは、ナポリの粉……といっても原材料は輸入なのでナポリの製粉会社による粉。イーストや塩、食材の選び方も含みます。腕はもちろん技術のことですが、それ以前に、ナポリでしかるべき師匠の下で修業しているかも重要です」

ナポリの空気を知って作るピッツァと、そうでないピッツァとでは、纏《まと》う空気から別物になるという。

なぜピッツァがナポリで愛されるか、人々にとってどんな存在で、どう食べられているのか。ピッツァを取り巻くナポリ人気質や日常生活のルーティンなどを体感し、持ち帰った者には、ナポリへの敬意がピッツァに宿る。

「ナポリに〝行ってきた〟だけじゃ駄目ですよ。現地で修業したと言うなら、せめて一年、ナポリの四季を見なければ。今は一週間や十日の短期研修で、お金をもらって教えるナポリ人もいます。ピッツァの研修機関や学校もある。でも、鮨職人だって、伝統的には厳しい親方に躾《しつ》けてもらうでしょう?」

残る五つ目の基準は、「清潔感」であった。

もちろんピッツェリアのバンコ（生地を延ばす作業台と、その場所）は粉も立つし、薪の木くずや燃えかす、焦げも散る。白い前掛けにはすぐに炭がつき、窯の前は暑くて汗だくにもなる。

だとしても、いい職人にはどこか清潔感がある。

「おそらく所作の美しさからくるのだと思います。河野の生地の扱い、焼く姿にはそれを感じました。

また当時、東中野にはいませんでしたが、今（二〇二二年六月）もしも日本で一人、最も所作の美しい職人は誰かと訊かれたら、私は中村拓巳を挙げます。彼には無駄な動きがまったくない。バンジュウに入った生地の玉を取るところから速やかに始まり、生地を両手でパタパタと返しながら延ばす回数も適切。ちゃんと発酵した生地なら、六回では多過ぎる。中村は多くても四回じゃないかな。もう何も足せないし何も引けない、必要なことのみ施《ほどこ》している。彼の動きはそういう美しさです」

小澤はレビューにおいて、必要以上に褒めそやしたりはしないスタンスだという。事実を基に検証し、いいものはいいとストレートに書く。

このレビューに、ナポリ好き、ピッツァ好きが食いついた。

二〇〇五年からスタートした『食べログ』は利用者数を拡大し続け、二〇〇九年六月には初めて月間一〇〇〇万人を突破。大型台風となって日本中を席巻《せっけん》しながら、飲食店への影響力を強めていた時代。「ピッツェリアGG」への投稿は、まさにその渦中でのできごとだった。

翌日から、一年半ほど続いた暇な日々が一転した。

「一度本場のピッツァを食べてみたい」人も「ナポリそのまま」を求める人も、東中野へ、電車に乗ってわざわざやって来たのである。

日本一の人口が密集する大都市は、こんなミラクルが起こるから計り知れない。長年ナポリに駐在経験があるとか、音楽留学していたとか、シャツやスーツを仕立てに行く人、食材やワインの輸入業者、毎年のように旅行しているナポリ好き……。一体どこに隠れていたのか、ナポリ現地を知る人、愛する人が、じつは東京に山ほどいたのである。

彼らは口を揃えて言った。

「ナポリのピッツァが食べたかったんだ」

河野が日本に迎合せず、曲がらず折れずに「ナポリそのまま」を貫いていたからこそ射した光だった。

エルネストの薪窯

初志貫徹。予定通り「ピッツェリアGG」の経営者となった河野はまず、吉祥寺への移転を決めた。これから環境、内装、道具に至るまで一〇〇パーセント、ナポリだと言えるピッツェリアに振りきること。

その店に必要なのは、やはり中村だった。

計画を聞いた中村もまた、楽しかったフリーランスの職人生活を終わりにしようと思えるほど、わくわくした。

「智さんの〝ナポリそのまま〟っていう、覚悟というのか、その気持ちが東中野の時よりもっと強くなっていたから。これは一緒にやりたい、前よりもっといい店になるって予感がしました」

東中野時代も「ナポリそのまま」だったはずだが、今回はどこが違ったのだろう？

「〝ピッツェリアはピッツァだけ〟〝ナポリと同じクオリティで低価格〟という柱の部分は変わらないんですけど、いやもう、そのほかが何もかもナポリに近づきましたよね。吉祥寺では僕らが一から店をつくれたので。

バンコはもちろん、客席のテーブルも、現地のピッツェリアでは定番のイタリア産天然大理石になったし。プルチネッラ（ナポリの道化師）の飾りから、ナイフ、フォーク、食器類も全部ナポリで、智さんが買いつけしたものです。でも、なんと言っても一番大きい違いはエルネストの窯」

前店の薪窯もナポリ式には違いないが、現地で組み上げた完成品を、船で輸送するタイプだった。移送が前提の窯だから、土台部分に石などを使わず鉄製の脚で軽量化し、重量は伝統的な造りの約半分（といっても二～三トンはある）。日本のピッツェリアでは、ナポリ式といえばこのタイプが主流だという。

一方で今回、吉祥寺で採用したのは、イタリアから材料と職人を呼び寄せ、現場で土台から積み上げていく伝統製法の窯だ。材料費や制作費のほか、輸送費、職人複数名の交通費に滞在費など費用はかさむが、それ以上に得るものは大きいと判断したのだろう。

「ピッツェリアGG」が依頼したエルネストの窯には、すべてカンパーニア州の材料が使われる。凝灰岩《ぎょうかいがん》（火山灰が堆積してできた硬い岩石）、溶岩砂、耐火レンガ、海砂、塩などを使って土台を造り、この上に耐火レンガによるドーム形の窯部を造る構造。内部には炉床と呼ばれる、ピッツァを直にのせる円形の台がある。ソレント地方で採れる粘土を扇形《おうぎ》に焼き固め、四枚貼り合わせて円形にしたものだ。

これらの厳密に定められた材料と造り方で何が変わるのかというと、「熱」である。

ナポリピッツァは薪が燃える「炎」で焼くのでなく、薪を燃やして生まれる「熱」で焼く。熱の対流、輻射、伝導によって生地に火を入れるのだが、石や耐火レンガの土台は、鉄製の脚よりも遥かに蓄熱量が高くなる。すると連続で焼いても炉床の温度が下がりにくく、安定して焼くことができ、燃焼効率もいい。つまり、質のいい熱が長く続く。

湾岸からナポリ市内を見下ろす火山、ヴェスビオ山は、古代から噴火を繰り返してきた。そのたびにナポリ人を苦しめてきたけれど、人々はその火山灰や溶岩によって生まれた石を使って窯を造り、ピッツァを焼いた。

ナポリの薪窯は、プリミティブな素材と技術、仕組みでありながらじつにうまく計算され、どんな最新機器にも「薪窯の味」は作れない。

そしてプリミティブだからこそ、ナポリの薪窯は石材の質や職人の腕に大きく左右される。窯職人を抱えるナポリのメーカーには、ステファノ・フェッラーラ、ジャンニ・アクント、マリオ・アクントなど数社が日本でも知られているが、ほとんどが家族経営。「見て覚えろ」で代々受け継がれてきた、秘伝とも言うべき技術がある。

なかでもエルネストは、中村や河野らにとって憧れの窯だった。創業百年以上、五代にわたって独自の築窯法を継承する老舗である。

「ピッツェリアＧＧ」の窯を造る際は、三人の職人が来日した。五代目日本人であるエルネスト・アリアルロ、その伯父で当時八十歳近くの名工・アントニオ、アシスタントの若い職人。彼らは二週間日本に滞在し、手作業で石を積み上げげた。ナポリの一般的な薪窯と比べてセメントの量が少なく、石を多く使うのがエルネストの特徴で、その分蓄熱性は抜群だが重量もある。

「モチベーションが全然違います。『イ・デクマーニ』もこの窯でしたし、『ダ・ミケーレ』『ディ・マッテオ』とか、現地の名だたるピッツェリアが使っています。もちろんいいピッツァが焼けるって魅力もあるんですけど、それより僕は、作りながらナポリとのつながりを感じるんです。日本で生活していても、ナポリにいる感じを忘れないような」

「ピッツェリアGG」、三人目の職人

二〇一〇年十一月、「ピッツェリアＧＧ」は吉祥寺の井の頭恩賜公園、通称・井の頭公園近くに移転、再開した。

渋谷駅から電車で行くと、京王井の頭線の終点にあたる吉祥寺駅。都心からひと呼吸離れた、緑の多い住宅街ながら西東京の中心となる大きな街だ。住民たちに愛される井の頭

公園は、約四三万平米もの広大な敷地に、春は桜、夏は雑木林の新緑に池のボート遊び、秋には紅葉、冬は渡り鳥がやってくる。

季節の移り変わりを感じに、日々のお散歩に、楽器演奏やダンスの練習にと公園には老若男女が集まり、それはそのまま「ピッツェリアGG」の客層と重なった。

ナポリ通の玄人筋《くろうとすじ》がわざわざ訪れる店、という基本層に加えて、「家族で公園帰りに」「洋服や雑貨のお買い物途中で」といった人たちが、ただ純粋に「おいしいピッツァの店ができたよ」と来てくれる。お花見のトップシーズンには、店内での飲食に加えて、ピッツァのテイクアウトも飛ぶように売れた。

それこそがナポリ、ピッツェリアの光景。彼らがずっと思い描いていた店だ。

一人でも、カップルでも、ファミリーでも、上等な革靴の紳士もスニーカー男子も平等に、焼きたての一枚にありつける。ナポリピッツァはすべての人のために焼かれる食べものであり、ピッツェリアは公園のように開かれた場所である。

ここで彼らは、バンバン焼いた。一日二〇〇枚以上、週末はその二倍近くに達し、二八席の店が七、八回転もする。

昼は十一時半から十六時まで、ナポリと同じ、ゆっくりとしたランチタイムだ。しかし夜は日本人の生活時間に合わせ、十七時半から二十二時半まで（当時）。休憩時間はたったの一時間半で、しかも年中無休。

この営業形態を可能にするのが、職人の三人体制だった。

吉祥寺の店は、河野と中村のほかもう一人、大削恭介《おおげきょうすけ》も立ち上げから参加している。二人とナポリで出会い、東中野店が閉店する一年前に修業から帰ってきた、京都出身の二十六歳。

彼はもともと、料理人だ。地元・京都で七年間、イタリア料理店で働きながら、イタリアの新しい波、ナポリピッツァに興味を持った。だがナポリピッツァを学べる店が京都には見つからなくて、だったら直接行ってしまおう、とナポリへ飛んだのだった。

彼が渡伊した二〇〇九年は、すでに日本人修業者の前例が多くあり、受け入れてくれる店や宿泊先は探しやすくなっていた。大削の場合もまた、知り合いの紹介でピッツェリア「アントニオ・エ・ジジ・ソルビッロ」(現「アントニオ・ソルビッロ」)に、渡伊前からルートを見つけることができた。

ところが、だ。前に働いていた日本人の素行が悪かったらしく、着いてみればぴしゃりと断られてしまった。

「でも、僕は人生を懸けるつもりで、母に遺書まで書いてナポリへ来たのであきらめるわけにはいきません」

粘って毎日お願いに行くと、根負けしたオーナーのジッジョーネ（ジジ）が「朝、仕込みの二時間だけならいいよ」と、閉じた扉の隙間を開けてくれた。

この二時間が勝負である。具材の切りものでも、誰より早く仕上げて彼らの役に立つ。同僚のナポリ人らに片言で話しかけ、店に馴染む努力をする。およそ十日後、店へ着くと大削のためのユニフォームが用意されていた。

「アントニオ・エ・ジジ・ソルビッロ」はトリブナーリ通りにあり、その一〇〇メートルほど先には「イ・デクマーニ」があった。まさに中村が焼きまくっていた時期だ。二人はたまにすれ違ったりもしたのだが、ナポリ人と喋りながら歩く、真っ黒に灼《や》けた中村を、大削は完全にナポリ人だと思い込んでいた。

「そうしたら拓巳くんから話しかけてきてくれて。あたりまえだけど日本語で、えー日本人だったの！　とびっくりしました」

ちょうど吉祥寺店の窯や備品の買いつけに来ていた河野も含め、三人は深夜のサン・ドメニコ広場で会うことになった。

その時、ちょっとした事件が起こる。

話に熱中していた大削の鞄が、あっという間に引ったくられたのだ。

「ノート！　ノート！」

必死に走って追いかけながら、大削は叫ぶ。鞄のなかには、ジジや職人たちに教えてもらったことを書き留めた、修業ノートが入っていた。財布より、パスポートより、大事なノートを失うわけにはいかなかった。

結局、追いつけないまま転んでしまう大削の、不器用な真面目さ。本人はわかりやすく落ち込み、ほかの二人は「なんかいいヤツだな」と感じた。

あの一夜から始まって、思いがけなく長いつき合いになったものだ。三人は東京で、十年近くも一緒にピッツァを焼くことになったのだから。

僕の恩人

二〇〇九年十二月。予定では、大削は地元の京都へ帰ることになっていた。

「ピッツェリアＧＧ」で職人をもう一人探していたのは知っていたものの、自分の力はまだ二人に到底及ばない。だから「挨拶して、東京で食べ歩きして帰ろう」なんてふわっと東中野へ立ち寄ったのだ。京都行きの新幹線チケットも、すでに買っていた。

でも店に顔を見せると、「焼いてみなよ」と河野から声がかかった。

「僕の人生でこれほど緊張したことはありません。大会だってあれに比べれば全然」

マルゲリータを一枚焼いた。

案の定「生地の延ばしはいいけど、焼きが全然駄目」という判定であった。

「でも、がんばるんだったら一緒にやってみる？」

河野の言葉に、大削は一も二もなく東京に残ることを決めた。

「この二人についていけば、絶対間違いない！　と確信めいたものがあったんです。ナポリで、彼らの働きぶりを見ていたから。すさまじい数のオーダーをガンガンこなして、店のナポリ人たちからも頼りにされて、冗談言い合いながら楽しく、真剣に。ついていけば、いつかは僕も、と思えました」

大削のナポリでの修業期間は、八カ月だ。「アントニオ・エ・ジジ・ソルビッロ」を基盤に、定休日やヴァカンスには他店でも三軒で働いたが、本人いわく「修業と言えるかどうか。ナポリ現地のピッツェリアがどんなものか、経験できたことは確かですけど」。

だから河野は「がんばるんだったら」と条件をつけたわけだが、がんばったのは大削だけではなかった。毎晩、河野と中村が焼き方の練習につき合ったのだ。営業終了から深夜の三時、四時までも。練習用の材料費は自費だが、店の窯を使い、毎回六〇枚ほど焼かせてくれた。

「いやぁ、練習している僕よりも二人の熱量のほうが高い。こうしたほうがいい、ああしたほうがいいと。僕は不器用なので何ごとも遅いし、慣れるまで時間がかかったけど、僕のことをあきらめずにずっとです」

教えるほうも、教わるほうも、ナポリ時代と変わらず熱くなる。というか、三人が揃えばそこはナポリになった。

かつて中村に、サルヴァトーレが伝えた言葉。

「毎日たくさん、たくさん焼くことだ」

それが一人前のピッツァ職人——考える前に体が動く境地——への道筋だとすれば、大削のそれは「ピッツェリアGG」からようやく始まったともいえる。

ナポリと同じように遠慮なく実戦に組み込まれた大削は、一年後、移転した吉祥寺では三本柱の一人となっていた。

この店では職人三人がシフトを組んで、生地作りと焼き手の仕事を、順繰りに回していく。たとえば今日、窯前でピッツァを焼いた職人が、最後に翌日分の生地を作り、寝かせておく（発酵させる）。翌日、その生地を当番の焼き手が焼く、という具合。

全員が、生地も作れば窯前にも立つ、ピッツァイオーロでフォルナイオ。フレキシブルなこのシステムに、大削は「食らいついて」成長した。

二〇一九年十一月、大削は故郷の京都・宇治で独立した。店の名前は「アンティカ・ピッツェリア・ラジネッロ」。L'ASINELLO＝ロバはどこかのんびりとしたイメージで語られる動物だが、ナポリの人にとっては荷物を運び、チーズを作る乳まで分けてくれる働き者の象徴である。

今やオーナーであり、二〇一九年第六回カプート杯日本大会STG部門でも準優勝（追記・二〇二三年同日本大会ではクラシカ部門で優勝）の実績を持つ大削に、あらためて「なぜピッツァ職人だったのですか？」と訊ねた。

「僕、サッカーやってたんですけど、コツコツ練習するうちにだんだん慣れていく感覚がリフティングに似てると思ったんです。ピッツァだったらずっと続けていけるかな、と。日々が楽しい、こんな仕事はないと思っています。いろんな人と出会えて、世界が広がったし、人生が変わった。それを教えてくれたのが智さんと拓巳くん。僕の恩人です」

第十章　タイトルホルダーの矜持

東日本大震災

二〇一一年三月十一日に起きた、東日本大震災のことを書いておこうと思う。

あの時、首都圏の人たちも東北の被害に胸をえぐられ、余震や原子力発電所の惨状に怯《おび》えて、大きな不安を抱いていた。ピッツェリアは、そんな心細さを抱えた人々の拠《よ》り所になってくれた。

ピースフルな丸い形で、焦げ目のついた香ばしさ、単純明快なおいしさは子どもから年配まで大好きだが、それだけじゃない。

ナポリピッツァには不思議な力がある。

人の手で延ばし、人の手で焼かれ、作りたて。ピッツェリアでは一つの窯の、薪の火をみんなで分かち合って自分の一枚ができあがる。一人で訪れても独りじゃないような、ほっとする居心地は、誰かと焚き火を囲む時のそれに似ている。自粛ムードの真っ暗になった街で、私たちはピッツェリアの温もりに救われたのだった。

一方でピッツァ職人たちは、街の人のために店を開けながら、閉店後は東北の人のための生地を捏ね、ピッツァの炊き出しに出ていたのである。

発起人は、日本にナポリピッツァを知らしめた、あのサルヴァトーレ・クオモ。ドンの声かけによって、震災からわずか一カ月後の四月十一日、有志のピッツァ職人たちが全国から続々と宮城県山元町と亘理町《わたりちょう》へ駆けつけた。

キッチンカーに薪窯を積み、被災地の避難場所で焼きたてのピッツァを提供する。それも本気のピッツァ・マルゲリータを、四〇〇枚。ほかにもパスタやポルペッティ（肉団子）といった食事、スープ、飲料水などを用意した。

震災一カ月後といえば、ようやく被災地への交通事情が見えてきたばかりの時期である。高速道路や幹線道路はなんとか復旧したが、まだ塞がれた道も多いなか、彼らは体のほうが先に動くように団結した。個人の意志で集まった職人たちは、所属も、師匠筋も違えばピッツァのタイプもバラバラなのに、いざとなれば軽々と垣根を超えてしまう。「普段は自由だけど、いざとなると集中する」ナポリ気質の人たちだからか、それとも大坪の言う「日常的に対応力が試される仕事」ゆえ、有事にも反射神経で立ち向かったのだろうか。

その後も四月二十八日（宮城県七ヶ浜町）、六月六日（福島県郡山市《こおりやま》）、七月四日（宮城県南三陸町）と集結。要領を得た二回目以降は、ピッツァの数も一〇〇〇枚、一四〇〇枚……と一足跳びに増えていった。

参加したピッツァ職人は、延べ約一〇〇名。

その数もさることながら、私が驚いたのは「薪窯」の選択だった。ガスや電気の窯に比べて大きく重く、薪火を熾したり窯を温めたりの時間もかかる。非常時なのに、それでも手軽じゃない薪窯を選ぶ理由とは？

参加した職人に訊ねると、彼はあたりまえのように答えた。

「電気やガスがなくても焼けるのが、ナポリピッツァじゃないですか」

そうだった。スイッチ一つで火のつく文明の利器は、スイッチが入らなければどうしようもない。ライフラインを失った被災地という場所では、マッチさえあれば火が生まれる薪の窯は、強い。

さらに言えばこの震災には、原子力発電所の事故が大きな怒りとなって影を落としていた。傷つけられた人々にとって「薪」という熱源で焼くことへの安堵感、信頼感は計り知れない。

すると職人は、最も大事なことを話すようにつけ加えた。

「本物でなければ、人の心には届きませんよ。もしかしたらずーっと先になって、〝あの時はつらかったけど、避難所で食べたピッツァはうまかったな〟って、少しでもいい記憶が残ったらいいなと。もしかしたら、それで将来ピッツァ職人になる子どもだっているかもしれないですよね」

チームはその後、熊本地震でも二度の炊き出しを行い、二〇二〇年のコロナ禍では医療従事者へデリバリーの支援をしている。

日本人初の世界チャンピオンたち

彼らの団結をさらに強める動きが、翌年にあった。

二〇一二年四月、イタリアのナポリピッツァ職人協会（Associazione pizzaiuoli napoletani）が、日本でも発足されたのだ。簡単に言うと、ナポリピッツァを生業とする職人の、職人による、職人のための協会。公式には「職人として働きやすい環境を築き」「技術・知識・地位の向上を図り」「その名声を全世界に広めていく」趣旨である。

この役員には、日本におけるナポリピッツァ界のスターともいうべき職人たちの名が連なっている。なかでも、会長の大西誠（「サルヴァトーレ・クオモ」グループ、プリモ・ピッツァイオーロ）、副会長の牧島昭成《まきしまあきなり》（「ソロピッツァ チェザリ」グループ代表）、執行役員の山《やま》本尚徳《もとひさのり》（「ピッツェリア・エ・トラットリア ダ・イーサ」店主）の三名は、テレビや雑誌でも名前を聞いたことがあるのではないだろうか。

彼らは三人とも、日本人初のナポリピッツァ世界チャンピオン。ナポリで行われる国際的な競技会において、世界一を成し遂げた者たちである。

ところでこの三人以外でも、近年は「日本人初」「世界チャンピオンの店」といったフレーズをあちこちで見かけるようになって、なぜ世界チャンピオンが、それも「日本人初」が何人もいるのだろう？　と疑問に思っていた人も多いかもしれない。

答えは、競技会数の多さにある。

ナポリにおけるピッツァ競技会は、規模の大小を問わず数えきれないほど開催されている。主催者はピッツァに関わるさまざまな協会・団体のほか、町や地域などの自治体、各製粉会社などの企業。店がスタッフを対象に独自開催する場合もある。

さらには一つの競技会でも、「伝統的なピッツァ」「創作ピッツァ」などいくつかの部門に分かれ、一部門ごとに優勝者は存在する。開催年を重ねれば、さらにタイトルホルダーの数は増えていくというわけだ。

玉石混交《ぎょくせきこんこう》の大会群のなかで、しかしイタリア全土はもとより世界からも注目され、選手と店の運命を変えてしまうほどの影響力を持つ大会となると、数は限られる。そして大西、牧島、山本が勝ったのは、そんな大会だ。

歴史的、大番狂わせ

「日本人初の世界チャンピオン」という金字塔を、最初に打ち立てたのは大西誠である。日本人どころか、外国人で初めて、ナポリピッツァのチャンピオンになった男だ。

二〇〇三年九月。彼が最優秀賞（優勝）を獲得したのは、ピッツァの祭典「PIZZA FEST（ピッツァフェスト）」のメインイベントであり、当時ナポリで最大規模を誇ったピッツァ職人の競技会『ナポリピッツァ世界コンペティション』。現在は主催も形式も異なるが、この時は真のナポリピッツァ協会が主催する、個人戦の競技会であった。

一九九五年から始まり、大西が出場したのは第八回。それまでナポリ人以外、イタリア人でさえトップの座についたことは一度もなかった。なのに、あろうことか外国人がナポリで、ナポリピッツァで、ナポリ人に勝ってしまった。

もはや歴史的事件ともいうべき大番狂わせは、当時の新聞やテレビが全国ネットでこぞって取り上げ、瞬《また》く間にイタリア中へ知れ渡ることになる。

渦中の大西は、まるで巻き込まれ事故のように、何がなんだかわからない。

「イタリアを挙げての大騒ぎでした。取材も多くて、ローマで朝のテレビ番組に出演した時は、相撲《すもう》の力士に扮《ふん》したイタリア人に、僕が投げられるコントみたいなのをさせられたり（笑）。でもナポリ人からは嫌われてしまって、いやぁ怖かったですよ」

彼の修業先が中心部でなく、ナポリ県内だがフェリーで渡るイスキア島にあったのは幸いだ。美しい海と温泉があり、ヨーロッパの人々が優雅なヴァカンスを過ごしに来る島だから、ナポリ市街地に渦巻いているであろう「怖さ」とは距離を取ることができた。

大西の想像通り、スパッカナポリ周辺ではその頃、無関係の日本人までも「どうせジャパンマネーで買ったんだろ」などと八つ当たりされたという。

言うまでもなく事実無根だが、彼らにしてみれば受け入れ難い悪夢なのだ。自分たちのナポリピッツァで、よその土地の職人がトップに立つなんて。まるで国宝が盗まれたような、アイデンティティの喪失に関わる大事件。

だが一番驚いていたのは大西自身である。何しろ優勝した当時、ピッツァ修業歴はたったの六カ月だったのだから。

一九七五年生まれの大西は、高校時代から地元・奈良県吉野で飲食のアルバイトに就き、卒業後は料理の道へ進んだ。大阪のイタリア酒場、東京のカジュアルイタリアンと修業を重ねた、もともとは料理人である。

ナポリピッツァと出合ったのは一九九九年、中目黒「サヴォイ」だった。マルゲリータとマリナーラの二種類しかない潔さにも感心したが、両方食べてさらにびっくりだ。シンプルなのに、どうしてこんな奥深い味になるんだろう？

「もちもちとした生地の食感、粉の風味と、こんがり焼いた香ばしさ。初めてのはずなのに懐かしいのは、ああ、お餅と似てるんだなと思ったんです。僕の田舎ではお正月にお餅をつくんですが、つきたてを焼いたあの香りだと。ちょうど生地を丸めるのもお餅に似ていますよね」

「サヴォイ」の店主であり職人の柿沼は、生地を焼く前、窯へおまじないのような微量の塩を打つ。そして窯に入れる数は必ず一枚。相手のグローブど真ん中に剛速球をビシッと収める、一球入魂の気迫を焼いたようなピッツァだった。

その真相を柿沼本人に訊ねると、「とにかく小さい窯だったので、炉床の温度が上がり過ぎるんです。だから、塩を打って生地を浮かせたというか」。道具のない時代の苦肉の策。切実な意味でも、うまく焼けてくれよ、の一念が込められていたのかもしれない。

大西にとってナポリピッツァは、この時点では地方料理の一つという認識。二〇〇二年三月、二十六歳でナポリへ渡った時の目的は食べ歩きと料理の修業で、ピッツァは「チャンスがあれば習ってみよう」くらいの優先順位だった。

運命が動き出したのは、ナポリでストリートフードや伝統料理を食べ歩いた彼が、次の目的地、フィレンツェへ向かおうとした時である。中央駅の切り売りピッツァ屋の列に並んでいると、見知らぬイタリア紳士が唐突に「これで食べなさい」とお金を差し出した。「貧乏に見えたのかな？（笑）理由がわからないんですけど、とにかくその人は医者で、これからイスキア島でヴァカンスを過ごすと。僕が料理人だと知ると、働ける店を世話してやるからいつでも連絡してこい、と言うんです」

大西は予定の旅を終えると、素直にイスキア島へ向かうのである。

医者が紹介してくれたその店こそ、ピッツェリア「ダ・ガエターノ」。しかしこの時は働き手がいっぱいで入れず、ひとまず、島内の山の上に建つ「トラットリア イル・フォコラーレ」で料理のサポートをすることになる。地域の食材や伝統料理に詳しいシェフの下で一年、豚の解体からサラミ作りまで、彼は喜んで学んだ。

「ダ・ガエターノ」に入ることができたのは、二〇〇三年二月。

ピッツァ経験ゼロの日本人に、熟練の職人は「このくらいの粉をつけて、バン、バン、バン」と延ばし方のお手本を示してくれるのだが、細かい指導なんて一切ない。一緒に仕込み、ひたすらピッツェッタ（小さなピッツァ）やジンガラ（ピッツァ生地を使ったパニーノ）用の生地を焼く毎日で、お客に出すピッツァはなかなか焼かせてもらえなかった。

そんな日本人の若者が、師匠のガエターノ・ファツィオから突然、当時ナポリで最も大きな競技会に「出てみろ」と言われたのだ。野心や欲などあるはずもなく出場すると、なんと予選を通過。決勝の二六名に選ばれた。

大西が焼いたのは「アンティキ サポーリ（古き佳《よ》き味わい）」という名のピッツァ。「ダ・ガエターノ」の看板ピッツァでもあり、本来はトマトソースを薄く塗り、プローヴォラ（燻製モッツァレッラ）、プロシュットコット（豚後ろ脚の加熱ハム）、ルーコラ、ミニトマトをのせて焼く。

はずだったのだが、大西はなんとトマトソースの準備を忘れてしまい、仕方なくトマトの赤が入らない、ビアンカ（白いピッツァ）として出品した。

そのピッツァが、ピンチから大逆転劇の優勝である。

たしかに大会の出場経験者たちに言わせると、職歴一年のルーキーが五十年のベテランに勝つ番狂わせも大いにあり得るのがピッツァの競技会、だそうだ。

それでも、単なる幸運だけでピッツァは焼けないと思うのだ。

その時の窯、薪、道具、材料、生地、気温、湿度から自身のメンタル、不測の事態までじつに細かい条件に左右され、それらが0コンマの秒単位で降りかかる。職人は、金庫のダイヤルを一つずつカチッカチッと合わせるように、局面、局面でいかに適切な選択を重ねていくか。連続する選択を見事に的中させ続けた者が勝ち、たった一つ選択を間違えただけでも扉は開かない。

ルーキーだろうが、少なくとも数々の正解を「選択できる」知識と技術、そしてセンスは要るのではないか。

審査は、誰が焼いたピッツァかわからないよう選手の名前も顔も伏せての覆面で行われた。勝者が決まって、名前を確認し、愕然としたのは彼を選んだ審査員たち自身である。自分が「うまい！」と唸《うな》ったピッツァを作ったのが日本人？

いやいやいや、アジア人を優勝させてなるものか！

侃々諤々《かんかんがくがく》の審査になったであろうことは、大西本人にもたやすく想像できた。

「ガエターノは当時、競技会を主催する真のナポリピッツァ協会の技術顧問でした。おそらく彼が、決定をなかったことにしようとする反対派を説得してくれたんじゃないかな」

発表の場で、最後に呼ばれた名は「MAKOTO ONISHI」。司会者がイタリア語にない「K」に混乱して「マコト」が「マッカート」になったというオチはついたが、間違いなく大西が会場で一番高い場所に立ち、トロフィーを手渡された。

ブーイング混じりの喧騒の渦中、喜びよりも、どこか申し訳ないような気持ちでいた大西にガエターノは伝えた。

「日本人でも、マコトはナポリで、ナポリ人にピッツァを教わった。お前の作ったものが正真正銘、ピッツァ・ナポレターナだったから優勝できたのだ」

だとすればこの優勝は、外国人に場を与え技術を授けてくれた彼らのおかげにほかならない。そう考えた大西は、トロフィーを「ダ・ガエターノ」に置いて帰国した。

現地では、日本人といえば「ヒデ（中田英寿）かマッカートか」レベルの有名人になった大西だったが、当時の日本では「世界チャンピオン」も「日本人初」も、そんな大会が行われたことさえも知られてはいなかった。

取り上げたマスコミが、ほとんどなかったからだ。SNSは発展途上にあり、新聞・雑誌・テレビが情報の主流だった最後の時代である。

「少しくらい反響があるかなと思ったんですけど、日本では全然。仕事のオファーもなかったので、まぁこんなもんなのかな、と。地道に、帰国してから就職活動をしました」

大西が帰国した二〇〇三年、料理の分野では、日本でのイタリア修業経験者が飽和状態になっていた。イタリアンブームでどっと渡伊した者たちが、どっと帰国して始まったサバイバル時代。勝ち抜くには、たとえば「星つきの店で働いた」だけでなく「星つきでシェフを経験」など、他人より少しでも抜きん出た実績が必要だった。

しかしピッツァの世界では、ライバルをまとめてごぼう抜きできるくらい、これ以上ないタイトルを引っ提げて帰った者でさえゼロからのスタートを余儀なくされた。料理でいくか、ピッツァでいくか。道も決めかねたまま大西は、ひとまずあらゆるイタリア関係者と会うことにする。その一人が、すでに事業を幅広く展開していたサルヴァトーレ・クオモである。

系列店で待ち合わせ、スタッフが焼いたピッツァを一枚ご馳走になった時だ。

「正直、僕のほうがもうちょっと（うまく）作れるかな、と思っちゃった」

同時に、日本で自分が「果たさなければいけない」役割が見えた気がした。

「僕は優勝のタイトルをもらったけど、ナポリのマエストロ（巨匠）たちにはまだまだ、全然及びません。だったら、これから〝優勝〟に自分が追いつかなきゃいけない」

ナポリの優勝者とは何か。

自分自身も成長しながら、後に続く者たちを育て、ナポリピッツァの文化を日本へ伝えていく責任があるのではないか。そしてナポリでは尊敬されている「ピッツァ職人」の社会的評価を、日本においても高めること。

それは、タイトルホルダーとしての矜持《きょうじ》である。

「サルヴァトーレ・クオモ」に入社した大西は、新事業のデリバリー部門を、立ち上げから一任されることになった。

「優勝者が、デリバリーピッツァ？」

ピッツァ業界では多くが首をひねり、「もったいない」と気の毒がる者さえいたが、本人はむしろやる気満々だったそうだ。

「だってナポリピッツァはデリバリー文化でもありますから。安くてうまくて、店でも食べるし、歩きながらも食べるし、そして家でも食べるもの。それを日本に広めていくチャンスです」

その後、大西はグループ全体のプリモ（代表）・ピッツァイオーロとなって、ナポリピッツァの隆盛とともに同社の躍進に貢献した（二〇二二年十一月現在、六四店舗を展開）。おかげで今、私たちは自宅にいながら、アメリカンピザもナポリピッツァも選べる時代に生きている。

責任は着々と果たされた。では〝外国人で初めて、ナポリピッツァのチャンピオンになった男〟は次に、どこを見ているのだろう？

「メイド・イン・ジャパンのナポリピッツァを、世界へ発信していきたい。安定してハイクオリティなピッツァが食べられる国は、世界でもほかにありません。それと僕は、日本の食材が好きなんです。地方にはまだ僕らが知らない宝がありますよね？ そういった食材と日本人の高い技術を生かせれば、日本でしか味わえないピッツァが生まれるはず。〝日本のナポリピッツァ〟を食べに世界中から、ナポリからも来てもらえるようなピッツァを作れればいいですよね」

「ナポリの重いタスキ」

大西の優勝から七年後のナポリで、最も大規模な、そして経済にも知名度にも大きな影響力を持つといわれる世界大会は『ナポリピッツァ職人世界選手権』、通称・カプート杯に移っていた。

主催はイタリアのナポリピッツァ職人協会、タイトルスポンサーが製粉会社のカプート（CAPUTO）社。一九二四年創業の老舗にして、ナポリを州都とするカンパーニア州で八〇パーセントものシェア（※二〇二二年十一月現在、同社調べ）を有し、世界八六カ国への輸出もしている同州最大手だ。必然、この選手権には、カプートの粉を使う世界中のナポリピッツァ職人が海を渡って集結することになる。

カプート杯は多くの部門に分かれているが、花形はクラシカ部門とSTG部門。とりわけ職人たちにとって最高の栄誉は、ＳＴＧでの優勝である。

二〇一〇年、このＳＴＧ部門で初めて優勝した日本人、すなわちその年の世界最優秀ナポリピッツァ職人と認められたのが、名古屋「トラットリア チェザリ!!」（当時）の牧島昭成。個人のブログやＳＮＳも発展していた今回は、本国イタリアだけでなく日本にもリアルタイムに朗報が伝わり、沸き立った。

日本のナポリピッツァ市場もまた「浸透」の段階を超えて「成熟」期に入っていた、それを象徴するようなできごとともいえる。

カプート杯ＳＴＧにおいては、牧島もまた正真正銘、「日本人初の」であり「外国人初の」世界チャンピオン。日本人ピッツァ職人の技術力が世界へ証明された、このエポックメイキングな勝利は、もはや膨大な数に上っていた日本国内の同志たちに刺激を与えたに違いない。

間違いなく快挙である。

だが当の本人は当時、自身のブログにこんな心境を書いていた。

「これからはナポリの代表として、本物のナポリピッツァを日本に、世界に伝えていく。そんな『ナポリの重いタスキ』を受け取ったような気持ちでいっぱいです」

浮かれてはいられない、といった自分への戒《いまし》めと覚悟とがひしひしと伝わる言葉である。最高の栄誉とは、それほどまでに重いものなのだろうか。

牧島は一九七七年、愛知県名古屋市日比野に生まれた。両親が営む喫茶店は、料理人の父が和洋中の庶民的な料理を作る、地元密着の店。牧島本人も家で小学生から包丁を握り、気がつけば料理人を目指していたが「休みなく働き詰めの父母への反発」から、気持ちは華やかなフランス料理のほうへと向かった。

高校時代にはフランス料理店でアルバイト。卒業後にそのまま同じ店に就職した彼がメキメキと頭角を現したのは、じつはサービスのほうだった。

飲食業の家に育ち、人との距離感、間合いといった感覚が自然と育まれていたのだろうか。店に立てば、確実にファンを増やしてしまう。そんな彼の才覚に目を留めたのが、当時、自家製パンと自家焙煎珈琲の店だった「チェザリ」のオーナー。自店の業態を一新して立て直しを図りたいとして声をかけ、命運を二十三歳の青年に託したのである。

フランス・パリと東京で展開するブラッスリー・カフェ「オー・バカナル」のような店を目指したオーナーは、本場を体験させるべく、牧島を東京へ、パリへと連れて行った。

ところが、だ。

「行ってみたら、フランスのスノッブな感じがどうにも性に合わなくて。それよりもトランジットで立ち寄ったナポリのほうが、ずっと親しみやすかった」

街へ出てナポリ名物のピッツァを食べてみると、おいしいうえに皿からはみ出るほどの大きさで、日本円にしたら五〇〇円でもおつりがくるではないか。

「ピッツァって、日本では高額だけどイタリアでは大衆の食べものなんだな、と。そこでつながったんです。実家の喫茶店でもハンバーグなど大衆的な料理を出していたし、『チェザリ』のある大須も庶民の町。ナポリピッツァなら、夜は閑散としてしまう大須にも、わざわざ食べに来たいお客さんを呼ぶことができる」

同じ頃、東京では「イゾラ」「ナプレ」「パルテノペ」といったナポリピッツァの店が花盛りだった。その勢いを名古屋にも持ってこよう、と「チェザリ」はフランスからイタリアへ方向転換し、ピッツァとバールの店に決まる。

とはいえ当初はナポリ式の窯が導入できず、既存の設備でできるパリッとしたピッツァであった。転機が訪れたのは二〇〇五年。愛知で開催された日本国際博覧会「愛・地球博」に関連して、兵庫県赤穂から「SAKURAGUMI」——日本における真のナポリピッツァ協会認定店第一号であり、日本支部設立に大きく貢献した西川明男の店——が、サテライト会場に期間限定の店を出したのである。

イタリアからピッツァ職人も来日していたここで、牧島はナポリピッツァの手ほどきを受け、万博が終わると薪窯を安く譲ってもらった。

目標は、真のナポリピッツァ協会の認定店になること。

「そのためにも本場ナポリでピッツァを習いたい、最高峰の師匠につきたい。それで協会の技術顧問を務めていたガエターノへ手紙を書いたんです」

青木、舌間、大西らを輩出した「ダ・ガエターノ」だ。研修希望者は順番待ちの状態で、受け入れの返事がきたのは三通目。二〇〇六年、牧島が二十九歳の時だった。

彼の場合、名古屋の店も背負っているため長期間は望めず、まずは三カ月。その代わり回数を重ねよう、と翌年も三カ月、三年目からは二カ月を一回と二週間を三回。季節を変え、何年にもわたって、何度もナポリへ通った。

「かえってよかったと思っています。ナポリでも世代交代が進んだり、ピッツァの流行だってある。定期的に通い続けることで、レジェンドクラスの〝変わらないピッツァ〟も、リアルタイムに〝更新されていくピッツァ〟も両方知ることができたから」

彼の師匠は三人いる。

一人目は、ガエターノ・ファッツィオ。彼には、「ピッツァとはパッショーネ（情熱）、心で焼くものだ」と教わった。生地作りは子育てと同じ、発酵段階では四六時中「暑いかな、寒いかな」と気にかけ、生地がいいように面倒を見る。すると気持ちがいい子なら勝手に育ってくれるよ、と。

二人目はガエターノの義兄で、二〇〇六年の「ピッツァフェスト」STG世界チャンピオンでもあるパシュクアーレ・パルツィアーレ。牧島いわく「ナポリピッツァの絶対王者」であり、マエストロとして多くのナポリ人ピッツァ職人から尊敬されている人物だ。

パシュクアーレは「ピッツァ職人はエンターテイナーであれ」が持論である。

「〝バンコはステージ。お客は俺たちのダンスを観に来るんだ〟と言って、とにかくお客さんを楽しませる！　おしりを振って踊ったり、ジョークを飛ばして笑わせ、盛り上げるんです。言うまでもなく彼のピッツァはおいしい。でもさらに、おいしく食べてもらえる環境をつくるってことが大事なんだと教わりました」

牧島本人の資質に最も近いのは、このパシュクアーレだろう。牧島もまたサービス精神旺盛、人を惹きつける力を備えたパフォーマーだ。

ピッツァで人を楽しませたい。もっと言えば「誰よりもおいしい」以上に、「誰よりも楽しませる」を目指したい。彼の信条は、ナポリピッツァの絶対王者によって肯定された。ちなみに牧島は現在、ナポリピッツァの世界で「牧島・パシュクアーレ・昭成」を名乗っているが、ミドルネームはもちろん、師匠から譲り受けたものだ。

三人目は、現在、日本ナポリピッツァ職人協会の名誉会長でもあるアドルフォ・マルレッタ。牧島がナポリへ通うようになって三年目に修業した、ナポリの山の手、ヴォメロ地区にあるリストランテ・エ・ピッツェリア「ラ・スパゲッタータ」のオーナー（当時）。かつて大坪も修業した店（七七頁）である。

牧島はアドルフォの自宅に住み込んで、職場でもプライベートでも一緒に過ごした。そのなかで、折りに触れ聞かせてくれた話がある。

〝ピッツェリアのオーナーとは、自分の店の経営や雇用のことだけを考えればいいわけではなく、社会的な役割がある〟

ナポリのバールには、Caffe sospeso（カッフェ・ソスペーゾ）と呼ばれる慣習がある。自分がカッフェ（エスプレッソ）を飲む時、もしも余裕があるなら、「誰かもどうぞ」と二杯分の代金を払うこと。そのおかげで貧しい人もカッフェを飲むことができる。

同じように、ピッツェリアではPizza sospeso（ピッツァ・ソスペーゾ）、あるいはOggi a Otto（オッジ・ア・オット）とも呼ばれる仕組みが生きている。こちらは「今日食べたピッツァの支払いは、八日後まで待ちますよ」の意味で、どちらも助け合いの精神に基づく考え方だ。

「誰にだってピッツァ一枚を食べる権利はある。ナポリにとってピッツァとはそういうものなんだ、ということです。繰り返される侵略とか自然災害とか、虐げられてばかりの歴史を持つ街では、人々が助け合って生きてきました。アドルフォが言うには、ピッツェリアはナポリの縮図、そのオーナーに必要なのは友愛精神だと」

大事なことは、ソスペーゾのシステムよりスピリットだ。それを日本の、自分の店へ置き換えた時にピッツェリアのリーダーは何をすべきか？

アドルフォの言葉をそう受け取り、牧島は考えた。

たとえば、お客はもちろんとして、スタッフにも目を向けること。「生きがいを持って働けているか」「一人暮らしの人は、お正月休みに寂しい思いをしていないか」など心の機微《きび》にまで目を配る。小さなサインを流さず、どれだけ細やかにケアができるか。

ピッツァイオーロをもじった「Puzzaiolo（プッツァイオーロ）」という言葉がある、と牧島は教えてくれた。ピッツァ職人のように臭いやつ、を意味するナポリジョークだそうだが、悪口ではなく「ピッツァ職人のように〝働き過ぎて〟臭い」の意味で、根底にあるのはむしろ敬意だ。

ナポリのピッツァ職人は働き者で、働き者は尊敬される存在だった。

「もともとナポリのピッツァ職人には、〝俺たちがピッツァを焼かなくなればナポリ中の人間が飢え死にする〟くらいの気概がなければならなかったんだと思います」

あらゆる困難を引き受けながら、ナポリを飢えさせないために、生地を捏ね、窯の前に立ち続ける。ピッツァ職人という仕事はナポリにとって、聖職に近い概念なのだろうか？ ピッツァイオーロはイタリア語で「Pizzaiolo」だが、ナポリでは「Pizzaiuolo」と〝u〟が入る。つまりPizzaiuoloと書かれた場合は、イタリアでもナポリの、ナポリピッツァ職人に限定される。やはり特別な存在であることは確かなようだ。


長年、よそ者が犯してはいけない聖域だったカプート杯ＳＴＧ。

あの時、優勝を手にした牧島が、ブログで語った「ナポリの重いタスキ」について、真意を訊ねた。

「それまでは挑戦者として、〝優勝〟だけを考えていればよかった。そこから先は想像もしていませんでした。でもトップに立って初めて、チャンピオンとは、ナポリピッツァを次の時代につなげていく象徴なんだと気づいたんです。とくに伝統あるＳＴＧは、食文化としてのナポリピッツァを正しく伝える使命がある。正しくっていうのはルールや食材や技術だけではなくて、たとえば大衆食ですから価格も大事だとか。僕はそういう大きな役割を担ったんだな、ということです」

言葉通り、彼はその後、駐日ナポリピッツァ職人大使、ナポリピッツァ世界大使、駐日ピッツァ・ナポレターナＳＴＧ大使などの役割を次々と担い、二〇一三年には「ナポリのピッツァと文化の親善大使」に任命された。

日本とナポリの架《か》け橋になる。それは〝よそ者〟の優勝者だからできることでもある。

恩師の遺志を継ぐ

「日本人初の世界チャンピオン」では、東京・中目黒で二〇一〇年に開店した「ピッツェリア・エ・トラットリア ダ・イーサ」の山本尚徳も忘れてはならない。黒柳徹子の長寿トーク番組『徹子の部屋』にまで出演したピッツァ職人を、私はほかに知らない。

彼が優勝したのは、マルゲリータ・レジーナ協会が主催する『世界ピッツァ選手権』。会長は、当時山本が修業していたピッツェリア「イル・ピッツァイオーロ・デル・プレジデンテ」のオーナーでもあったエルネスト・カチャッリである。

二〇〇六年に始まったこの選手権、山本は翌年の第二回に初出場している。海外から集まってきた職人のなかには、すでにアメリカ・カリフォルニアで人気店を経営し、いくつかのタイトルホルダーでもあるトミー・ジェミニャーニの名もあった。決勝は約五〇名によって競われ、山本は総合優勝（ＭＶＰ）とオリジナル部門優勝をダブルで獲得。表彰式では、マルゲリータ部門で優勝したトミーがわざわざ山本に歩み寄り、こう声をかけてくれたそうだ。

「僕はＭＶＰを獲るためにアメリカから来た。でも、君がチャンピオンだ。素晴らしいピッツァだったよ」

オリジナル部門とは、ナポリピッツァの伝統的製法による生地とナポリの食材を使いながら、自由に創造するピッツァ。山本はクラシックな生地を蝶《ちょう》の形に延ばし、七種の具材――モッツァレッラ、リコッタ（チーズ製造の過程でできたホエーを再加熱したチーズ）、プローヴォラ、ミニトマト、生しらす、バジリコ、チコリ（豚バラ肉のフライ）――を組み合わせて焼き上げた。題して「ファルファッレ・ディ・ナポリ（ナポリの蝶）」。

「いつだって僕の心は日本からナポリへ、蝶のように飛んでいく」

大会三カ月前の二〇〇七年三月、山本は東京ミッドタウンの開業と同時にオープンした「ナプレ」の統括ピッツァイオーロとして、多忙を極めていた。睡眠もままならなかったはずだ。なのに、それでもナポリの師匠・エルネストから「（選手権に）出てみないか？」と声がかかると、一も二もなく出場を決めたのである。

膨大な仕事をどう片づけたのか、彼は本当に蝶となってナポリへ降り立ち、鮮やかに優勝をさらっていった。翌年もまた同大会のオリジナル部門と、アーティスト部門でも優勝。翌々年にはマルゲリータ部門に出場し、三位入賞を果たしている。

最後の出場となった二〇〇九年は、エルネストが六十歳で亡くなった年だ。師の悲願は、「ナポリピッツァを世界中に、正しく知ってもらう」こと。イタリア国内のみならず、アメリカ、ヨーロッパ、アジアへと自ら出向きながら、一方ではスパッカナポリの店に立ち続けた。最後まで「ピッツァ職人であること」を手放さなかった、生涯現役である。

「僕が修業していた頃からすでに、体調があまりよくなかったんです。けど必ず朝四時に店へ来て生地を仕込み、一日五〜六時間はピッツァを作っていました。最も重要なのは〝いい生地〟だと。うまそうなピッツァがイメージできる生地を作るんだ、と言って」

彼の死後、経営を引き継いだ長男は、結局店を売却した（現在は新たな経営者が「ピッツェリア・ダル・プレジデンテ」として営業中）。エルネストの言葉を聞き、同じ厨房で隣に立ち、直々に学ぶことができた山本は、図らずも〝間に合った〟ことになる。

では、彼は恩師のピッツァにどこまで近づいているのだろうか。ナポリで、エルネストの味をリアルタイムに知っている人物、久留米指向こと小澤武に訊ねた。

「エルネスト亡き今、（その系譜といっても）味が変わってしまった店もあるなかで、山本のピッツァはかなり近いでしょうね」

この言葉を本人に伝えると、「今となっては正解かどうかも確かめられないけど」と前置きし、きっぱりと答えた。

「そうでありたいといつも思っています」

彼が修業したのは「イル・ピッツァイオーロ・デル・プレジデンテ」ただ一軒。エルネストが目を光らせていたピッツァしか知らないし、何より、最初に山本の運命を変えた一枚が、エルネストに関わるマルゲリータだったのだ。


山本は牧島と同じ一九七七年生まれ、大西の二歳下。高校卒業後に静岡から上京し、たまたま手にした求人募集のチラシから、下北沢のイタリア料理店で働いた。

きっかけは「たまたま」でも、料理がおもしろくなって三年勤め、本場を見てみようとイタリアへ。半年間、各地の郷土料理を食べ歩く旅で心奪われたのがナポリのピッツァ、とりわけ「ディ・マッテオ」の一枚だった。

「ほかと比べて平べったくて、綺麗な焦げがついている。たっぷりのトマトソースに浮かぶようなモッツァレッラと、バジリコのコントラスト。口に入れるとジューシーで、生地は驚くほど歯切れがいい。なんだこれは！　と思った」

一九九八年。ナポリの若手が憧れるいぶし銀の職人集団、この「ディ・マッテオ」こそ、エルネストが共同経営者の一人として現場の指揮を執《と》っていたピッツェリアである。

三年後、エルネストは独立して、スパッカナポリに自身の店を構えたのだった。

店名の「イル・ピッツァイオーロ・デル・プレジデンテ」とは、「大統領のピッツァ職人」の意。「ディ・マッテオ」時代、G7でナポリを訪れたアメリカ大統領、ビル・クリントンにピッツァを振る舞ったことによる。

本人だけでなく、ナポリの栄誉だったのだ。ナポリの魂、俺たちのピッツァを齧《かじ》る大統領の写真は、当時世界中へ配信されて街中が沸き、現地では今なお語り継がれている。


「ピッツァをやりたい」

ナポリで腹を決めた山本は、帰国後、表参道に新しく開店したトラットリア・エ・ピッツェリア、その名も「ナプレ」(ナポリ語で「ナポリ」)に入店した。東京でもナポリピッツァの店はまだ数えるほどだった時代、ナポリ式の薪窯でピッツァを焼き、南イタリアの郷土料理をイタリア人のカメリエーレが運ぶ、現地感満載の店である。

その後「ナプレ」は、ナポリピッツァの隆盛に先駆けて店舗を増やしていく。山本は青山と中目黒、二店舗の統括ピッツァイオーロに就任。ピッツァだけでなく料理も含めた、厨房のすべてにおける責任者となった。

どちらも予約困難な店といわれ、お客も満足してくれて、なんの問題もないはずだった。なのに、どうしても拭《ぬぐ》えない不安がある。

「僕のピッツァは、本当にナポリのナポリピッツァなのか？」

多くの人が「おいしい」と言ってくれるなら、そうなのかもしれない。でも、だからこそ知らず知らずのうちに〝こんなものだろう〟と思いながら作ってはいないか。

そうして自分に向ける言葉は、厳しさを増していく。

「僕は今、ナポリで自分が受けた衝撃のように、誰かの人生を変えてしまうほどのピッツァを作れているのか」

違う、と感じた。味やバランスがどうこうではない、心を揺さぶるようなピッツァ、そういう一枚を焼きたいのだ。

二〇〇五年。山本が店を休職し、東京に家族を残してナポリへ向かったのは、二十七歳の夏だった。責任ある職場と家族に待ってもらう以上、タイム・リミットはギリギリ一年と決めての修業だ。

当然のごとく、門を叩いたのは「ディ・マッテオ」である。

なんのコネもない山本は、これまた当然、門前払いだ。がっかりしながらも修業先を探さねば、と焦る日本人を拾ってくれた店が、「ディ・マッテオ」を出たエルネストの「イル・ピッツァイオーロ・デル・プレジデンテ」だった。

東京の厨房ではトップでも、ここでは素性の知れない外国人であり、仕事は仕込みばかり。ところが山本いわく、エルネストの小さな孫に「ものすごくなつかれちゃった」ことから空気が変わり、一枚焼かせてもらえるチャンスが巡ってきた。

合格。途端にフォルナイオとして、一日一〇〇〇枚以上を焼く毎日が始まる。時間が惜しい山本は生地にも関わりたくて、エルネストやその弟子たちと朝から厨房に立った。

今、中目黒で作る山本のピッツァは、そうして彼らから教わったこと、そのままだ。

生地の玉はアラスカヒノキの木箱に収め、窯の前、窯の上、窓際、一番奥のテーブルの上など店内の温度差を利用して、あっちへこっちへと移動させながら発酵させる。今や冷蔵庫を使う店は多いが、エルネストが「昔は冷蔵庫なんてなかっただろ?」と言うならば従うまで。非効率的な仕事だとしても、それでなければ生まれない味がある、と考える。

日本でナポリピッツァを焼くうえで、師の言葉がいつも真んなかにある。

「俺達が百五十年守ってきたものを、これから日本で百五十年やってみろ。鮨をのせるのはそれからだ」

ピッツァ・マルゲリータの原形といわれる、モッツァレッラをのせたピッツァが登場したのは一八三〇年頃。ここにトマトがのったのは一八五〇年で、さらにバジリコが散らされ、完成したのが一八八九年。

武道の型のごとく、脈々とつながれてきた決まりごとの意味とは何か。

ナポリピッツァを通して伝えるべきは、そこに込められた彼ら、ナポリ人の誇りである。生粋のナポリ人ならもの心つく前からピッツァで育つが、山本が知ったのは二十一歳だ。そんな自分が勝手に手を加えていいはずがない。


「ダ・イーサ」には二〇一〇年の開店以来、行列が絶えず、商業施設へのテナント出店やチェーン展開などのオファーがひっきりなしに持ちかけられた。

山本は、見事にすべてを振り切ってきた。「自分の能力では多店舗のクオリティを保てない」「まだ自分のピッツァを探している途中」。断った理由をひとしきり語りながら、不意に彼は「って言うか」と人懐っこい顔で笑った。

「ぶっちゃけ、自分が興味を持てないことはできないんですよね」

その山本が、コンビニエンスストアに並ぶ冷凍ナポリピッツァの監修を引き受けたと言うので、訊ねずにはいられなかった。彼の「興味」はどこにあったのだろう?

「たとえば僕の田舎の両親も年を取って、ピッツァを食べになんか行けないわけですよ。足が悪かったり、車が運転できなかったりして。レストランって、健康で元気な人しか行けないんだな、と気づいたんです。でも本来、レストランの語源は人を〝回復させる〟でしょ？　リラックスして、おいしいものを食べて元気になれる場所。だったらお店に行けない人にとって、家がレストラン（ピッツェリア）になればいいんだな、って。小さいお子さんのいる家庭とか、おじいちゃんおばあちゃんにも食べてほしい」

なぜならナポリピッツァとは、「人を選ばない」食べものだから。

やると決めて、巷《ちまた》の冷凍ピッツァを片っ端から食べてみると、おいしい「ピザ」はあっても正真正銘の「ナポリピッツァ」がない。今度は職人の追究心に、俄然《がぜん》火がついた。

「正直、いろいろ葛藤もありましたよ。もしコンビニの隣にピッツェリアがあったら？　五〇〇円ならこっちにしよう、なんてなったら、僕の冷凍ピッツァがほかのピッツェリアの営業を邪魔することになるんじゃないか、とか」

悩みながらも踏み切ったのは、師匠の遺志「ナポリピッツァを世界中に、正しく知ってもらう」につながると考えたからだ。職人として胸を張れるナポリピッツァならば、それは新しい人へと届けられる、新しい道の一つになるかもしれない。

二〇二二年、「ダ・イーサ」は十二周年を迎えた。「イル・ピッツァイオーロ・デル・プレジデンテ」と同じように飾られた著名人らの写真はノスタルジックに色褪せ、床のタイルも年季の味を帯びている。

着慣らした服のように、街にしっくりと馴染んだピッツェリア。山本はこの店で、東京でも最大級の薪窯と対峙しながら、今日も五〇〇枚を焼き上げる。私は山手通りを通るたびに眺めてしまうのだが、昼も、夜も、彼はTシャツを汗だくにして焼いている。

第十一章

ナポリへの恩返し

最後の大会

二〇一九年九月十八日、初めて降り立ったナポリ中央駅で、私は固まっていた。煙草をまずそうに吸いながら、じっとりとした視線をこちらに向けたまま外さない髭オヤジがいる。三十四度の暑さを無視するような革ジャン革パンツで、焦げつく地べたに座る少年。彼の前をだるそうに通り過ぎるのは、タンクトップを体に張りつけ、ショートパンツから健康的な太腿《ふともも》もむき出しにした少女たち。

彼らを横目にタクシーへと乗り込んだ途端、急発進。排気ガスと埃にむせて窓を閉めると、外では苛立ったクラクションが叫び続けている。あちこち凹んだり折れたり錆《さ》びたりしている車が蠢《うごめ》くなかを、市場の雑踏でもすり抜けるかのように縫って走るスクーター。信号の赤い色など、ただの照明であるかのごとく道を横切るご老人。

ドライバーも歩行者も、隙を見つけては出し抜こうと路上の全員が狙っている。一瞬の油断もならない超高速回転の世界に、今、私は放り出されたのだった。

これがナポリか？

圧倒的な現実は「これがナポリだ」と答えていた。

この街へ来た目的は、カプート杯こと『ピッツァ職人世界選手権』の観戦である。ヨーロッパ最大級といわれるピッツァの祭典「ナポリ・ピッツァ・ヴィレッジ」のメインイベントとして毎年開催されているが、競技種目の本丸、STG部門では二〇一〇年に牧島がチャンピオンとなって以来、外国人の優勝はない。そのタイトルに、日本大会で優勝した中村が臨むのだ。

ナポリの街は、すでに始まっているピッツァのお祭りで沸きに沸いていた。祭典は九月十三日から十日間、そのうち世界選手権は十六日からの三日間で行われ、日本選手団の出場は最終日の十八日である。

いつかナポリを、日本のピッツァ職人たちが第二の故郷と呼ぶナポリとやらを見てみたい。そう思いつつ先延ばしにしていた旅を決めさせたのは、中村のひと言であった。

「大会はこれで最後にします」

彼には、翌二〇二〇年に開店予定の新店計画が控えていた。

かつて〝若造〟だった彼も、八月で三十四歳になった。十年ほど前に結婚して家庭を持ち、妻、六歳の息子と二歳の娘（二〇一九年当時）がいる。妻の実家がある千葉県に自宅を購入し、そこから通いやすい場所に「ピッツェリアGG」が会社の事業として新店を構え、ゆくゆくは中村が買い取って独立する計画である。

新店に全力を注ぐためにも、どうしても片づけておかなければならない自分への宿題、それがカプート杯世界大会だった。ナポリで、ＳＴＧで、優勝すること。

もともとタイトルに興味のなかった彼にとって、今、それはどんな意味を持つのだろう。新店に弾みをつけるため？　それとも、負けず嫌いだから？

予想しながら出発前に訊ねると、第三の答えが返ってきた。

「ナポリへの恩返しです」

ナポリとピッツァに救われた、というかつての言葉を思い出した。

生きるために摑んだ、一本の命綱。その先には、下町で、海辺で、歴史地区で、日本の少年を育ててくれるナポリの人々がいた。彼は生きたのでなく、生かされたのだ。ピッツァ職人の道も、仲間や家族も、ナポリにもらった。それを自覚する中村は、ナポリピッツァ職人として最高の場所から「ありがとう」を言いたいのだろう。

ホテルから、海沿いにある会場のルンゴ・マーレまでは徒歩で三十分ほどの距離がある。恐る恐る街へ歩き出すと、まだ日が高いこともあってか、案外、東京の渋谷センター街あたりとそう変わらない緊張感だ。

かつてニュース映像で見た、道を埋めつくすようなゴミの山も消えている。

近年、生まれ変わったと誰もが口を揃えるナポリでは、観光エリアであれば警官やカラビニエリ（憲兵）があちこちに立って治安を守っており、散策する外国人観光客たちもリラックスした表情。車道側にバッグを提げない、スマートフォンを手に持ち歩かない、財布をポケットに入れない、など日本を一歩出たら自覚すべき基本中の基本を守れば、必要以上に怖がることはない気がした。

それよりも、甘美なる誘惑が多過ぎる。

こっちにフリッジトリア（揚げ物専門店）、あっちにはバール・パスティッチェリア（菓子店兼バール）。一軒一軒、店頭に並ぶ食べものがどれもこれも叫び出したくなるほどおいしそうで、ストリートを右へ左へとジグザグに歩くものだからちっとも先に進めない。

フリッジトリアには、きつね色にからっと揚がったパッラ・ディ・リゾが、高校男子のおにぎりくらいのボリュームで山積みされている。ピッツァ生地に海藻を混ぜてふっくら揚げたゼッポリーネは、嚙めばきっともちもちなんだろうな、とたやすく想像できる。

バール・パスティッチェリアのウインドウ越しに見えるのは、ため息が出るほど優美なスフォリアテッラだ。

貝の形をした伝統菓子で、パイに似た生地が砂漠の風紋《ふうもん》のように層を成す。この層がどれだけ薄く端正に仕上げられるか。ナポリのスフォリアテッラは、およそ常軌を逸《いっ》するような職人の感性と仕事を見せつける。

そういう〝芸術品〟が、街角の揚げ物屋やバール、お菓子屋という日常の店に一〜二ユーロ（二〇一九年当時、一二〇〜二四〇円）ほどで並んでいる。それもまたナポリなのだ。いわばストリートフードと職人の街であり、ピッツァは、その最たるものである。

カプート杯

ジリジリと焦げるような日差しのルンゴ・マーレに、三十分の道のりを二時間かけて辿り着くと、ブースはすべて閉じられていた。祭りは夜。日が落ちて海から涼しい風が届く頃、この三万平方メートルもの敷地に、長い長いピッツァ村が現れるのだ。

ピッツァの祭典「ナポリ・ピッツァ・ヴィレッジ」は、ナポリとその近郊の人気ピッツェリア四五店が一堂に会し、それぞれのブースでピッツァを焼きまくる。一店につき一基、四五店で四五基、屋外に大きな薪窯が延々と続く光景は圧巻だ。

ちなみに〝人気〟とは本当に、市民らが「この店に出てほしい」と投票して選んだトップ45。前年の二〇一八年は一〇四万七〇〇〇人もの来場者を記録し、それ以上の数が見込まれる二〇一九年は、十万食にも及ぶピッツァが用意された。

会場への入場自体は無料。飲食をするならピッツァ一枚とドリンク一杯、ドルチェ（デザート）にカッフェもついて一二ユーロのチケットを買う。大きなピッツァを食べてなお、彼らには甘いものとカッフェが不可欠なのだとよくわかる設定である。

十八時頃からゆっくりと始まり、人出のピークは二十時あたりだろうか。

人々は海風に吹かれ、ステージの音楽に身を揺らしながら思い思いのピッツァを食べる。そして気に入ったピッツェリアに投票し、その店がグランプリを獲れるよう――自分の舌は確かであると証明されるよう――熱く応援する。


祭りの本番を前に昼寝をしているようなヴィレッジで、しかしカプート杯の特設会場「ロトンダディアツ・ピッツァスタジアム」では、まさに戦いが始まろうとしていた。近づくにつれ、薪の燃える匂いは濃く、強くなる。辿り着くと、日除けテントが張られた反野外の会場はすでに、白昼の暑さと窯の熱、溢れ返る人間の熱気でうだるようだった。

なんせ四〇カ国から参加する選手たちは、総勢六〇〇名以上にも上るのだ。競技は午後から始まり夜中まで延々と繰り広げられること三日間、最終日の表彰式は深夜二十四時を回るという。

日本の選手は約二〇名。アジアでは最も多い出場者数となった。自費で渡航し参加費を払えば、規定を満たす者なら誰でも出場できるのである。たとえばナポリで修業中のため日本大会に出場できなかった者でも、現地の世界大会には参加が可能だ。

日本大会STG部門優勝者の中村と、クラシカ部門優勝者の安藤有希（「イル ネッソ ピッツァナポレターナ」）のアドバンテージは「航空チケットの贈呈」であって、世界大会では出場者全員がゼロから戦うことになる。

ひな壇状の観客席には、日本の応援団が選手の倍はいるだろうか。揃いのTシャツを着て、日の丸の扇子や横断幕を提げるグループ。親御さんらしきご夫婦や、興奮気味にスマートフォンで撮りまくる若い職人たち。

「ピッツエリアGG」の面々も見つけた。河野は日本ナポリピッツァ職人協会の執行役員として日本選手団のサポート役を務め、濱口博信はピッツァ・フリッタ部門に出場、若手の徳増佑太《とくますゆうた》は勉強のための観戦である。

彼らの正面に、競技用ブースが01番から10番まで横一列に並んでいる。決戦のステージだ。一種目を一〇人ずつ競うのだろうか、と思ったら、どうやら複数の種目が同時進行されるらしい。

なんと複雑な。競技種目は一四部門もあるというのに。

ＳＴＧ、クラシカのほか、ピッツァ・フリッタ、季節の食材を使ったピッツァ、四角いピッツァ、ロングピッツァ、グルテンフリーピッツァ、ジュニア、生地大広げ、早延ばし、アクロバット個人・団体。

さらに、この年から導入されたのがピッツァ・コンテンポラネア（現代的なピッツァ）、アメリカーナ（生地が薄くクリスピーな、アメリカ・ニューヨーク育ちの〝ピザ〟）、ロッソ・ポモドーロ（イタリアのピッツァ・チェーン店所属の職人で競われるカテゴリー）。

油で揚げるピッツァ・フリッタ以外は、一ブースに一基の薪窯が置かれ、生地を延ばすバンコは大理石。街のピッツェリアと同じ構成だ。選手らは持ち時間の範囲で、与えられた作業台と薪窯をコントロールしながらピッツァを作ることになる。

審査員は、協会役員など重鎮をはじめ、過去に優勝したピッツァ職人、シェフなどの専門家に、一般人の愛好家も加えた面々。彼らの席まで、競技を終えた選手は焼き上げたピッツァを持ってきて披露《ひろう》する。

「アピールポイントは？」

インタビュアーはマイクを向け、ビデオやスチール写真のカメラマンがその様子を撮る。選手が答え、審査員がピッツァを食べながら質問し、会話をする。

会場では、それらがあっちでもこっちでも行われているうえ、次の選手のためにブースを片づける人、ストップウォッチを持ったタイムキーパー、選手らの誘導係、通訳などがそれぞれに自分の仕事をこなすのだからカオスである。

ひな壇の観客は、高い位置から神の目線でそれらを一望できるのだが、一体どこを見ていいのかわからない。「あ、あっちでクラシカが始まった」「日本人が出てきたけど、あれは何の種目?」という具合。

ただ、どこかでおいしそうなピッツァが焼けると、会場がどよめくのだ。わかる人が見れば一目瞭然なのだろうか。

選手一人につき、真正面の席からチェックする四名と、窯横に立つ一名の計五名が審査員。彼らは生地の延ばし方、焼き方といった仕事の流れから見ており、さらに焼き上がったピッツァを目と鼻と舌で採点する。一名の持ち点は五〇〇点、五名で合計二五〇〇点満点。点数により、最上・優秀・普通・劣る・最低の五段階に振り分けられる。

というといかにも厳格そうだが、選手がコメント中にもかかわらず、スマートフォンで誰かと熱く語る審査員もいれば、ちらりと見ただけでひと口も食べない審査員もいる。全部をきっちり食べていてはおなかも味覚もパンクしてしまうからだ、という説もある。

「見ただけで、食べなくても味がわかるわ」

審査員がそう主張するなら、そうなのだろう。大会規定にも「審査基準は主観である」と明記されている。

それでも、選手としては「ちゃんと公平に食べて評価して！」と訴えたくなるのでは？選手たちに訊ねると「そういう不条理も含めてのナポリ。不公平は全員に平等です」と、妙に説得力のある答えが返ってきた。そんななかで結果を出してこそ、ナポリの勝者。

その、勝者となった牧島はこう語っている。

「アウェイなんだから厳しいのはあたりまえ。そのうえで、いかに注目をこっちに向けるか、食べる気のない審査員に食べさせるか。〝ワン・チャン〟をものにできるか。それも戦いのうちなんです」

中村拓巳の世界大会

イタリア人の名に混じって、「タクーミ・ナカムーラ！」のアナウンスが聞こえた。大会のメイン種目、ＳＴＧである。格闘技の入場かと思うほど熱っぽいアナウンスとは裏腹に、生地の入ったバンジュウを抱えてふらりと現れた中村は、区役所で名前を呼ばれたみたいな風情である。

そういえば、彼は日本大会の時にこう告白していた。

「僕はよく〝動じない人〟みたいに言われるけど、日本の大会ではすごく緊張します。手が震えるほど。失敗できないっていうよりも、人に見られていると思うと駄目なんです。注目されるのが苦手というか。でも世界大会はまったく平気。ナポリでは僕が何をしたって誰も注目なんてしないから」

そうして彼は「Di Stagione（季節のピッツァ）」と書かれたブースに収まった。

あれ、ＳＴＧなのに？

近くで観戦する河野に訊ねると、「そんなのもうぐちゃぐちゃですよ」と笑う。

つまりはこうだ。こっちの窯は調子が悪いから、とりあえず空いているあっちの窯でやっちゃおう。みたいな臨機応変が堆積して、あらかじめ用意した段取りは崩壊しているということ。選手も審査員も、種目名が貼られた紙などとっくにあてにしていない。それでもみんな事の次第は「わかっている」という、まことに不可解な、無秩序の秩序である。

混沌のなか、中村拓巳の世界大会が始まった。

窯の横に立つ審査員と軽く言葉を交わしながら、大理石のバンコを布巾でささっと拭いて整え、トマトソース、水牛のモッツァレッラ、エクストラヴァージン・オリーブオイル、バジリコの材料を並べる。作るのは、マルゲリータだ。

バンコの準備が整うと、くるりと背後を向き、窯の口に耳を近づけた。

薪の燃える音を聞いているのだろうか？

後に訊ねたら、近づけたのは耳でなく「首」、確認したのは音でなく「温度」であった。首の皮膚は薄く、手のひらよりも敏感に温度をキャッチする、ピッツァ職人の温度計なのだそうだ。

温度が低かったのか、窯のなかに新たな薪を加えると、さらに薪全体の積み方や位置を調整する。――火を待つ時間。その隙にも炉床をブラシで丁寧に掃き、パーラを布巾で拭き上げる。前の選手が焼いたピッツァの、焦げた粉が炉床や道具に残っていると、彼の言う「汚いピッツァ」になるからだろう。

なんてことを考えているうちに、前触れもなく、中村がすいっと生地を延ばし始めた。ふっくらと膨らんだ白い玉を、綺麗に揃えた両手の指の腹で押さえ、中心から縁へ向かって丸く広げていく。まるで意思を持つ生き物が、なだめられているみたいである。

おとなしく延びたところで、助走をつけるように両手でゆっくりと左右に振り、一転、テンポアップしてパタパタパタパタ、とジャスト四回。

ちなみにピッツァは、この作業によって生地の中央が薄く広がり、そこに縁を残してトマトソースを塗ることでソースが重しとなる。で、縁だけが自然にふっくらと立ち上がる原理である。中村はトマトソースをスプーンの背で塗り広げ、モッツァレッラとバジリコをラフに、だが絶妙なバランスで散らした。仕上げにはエクストラヴァージン・オリーブオイルをくるくるっと回しかける。

このピッツァをパーラにのせると、縁を数カ所、ちょんちょんつまむ。焼き上がった時に、ところどころカリッとくるアクセントを作るためだ。

上々のピッツァを、窯へ送り込む。

——二十秒。じっくりと熱を入れる時間、生地の縁が膨らみ始める。

——四十五秒。金属のパーラに持ち替え、生地を窯の入口まで持ってきて焼け具合を確認し、中へと戻した。何度か底面の焼け具合を確かめる。

——五十七秒。窯のなかで生地を持ち上げて宙に浮かせ、水平に回す。縁に焦げ目をつける作業だ。この時、職人は薪が燃える「炎」を当てているのではない。「熱」の高い場所へ生地を持っていくことで、狙った箇所の水分を飛ばし、こんがりと焼き上げる。

——八十秒。窯から現れたピッツァはトマトの赤・モッツァレッラの白・バジリコの緑が美しく調和して見えた。勢いよく立ち上がった縁には、まだらに焼けた焦げ目がついて、いかにも香ばしそうだ。

会場の音量が、にわかに上がった。

中村のピッツァはただちに審査員席に運ばれ、彼らは一斉に身を乗り出した。まじまじと眺め、ひっくり返して底面を確認する。担当審査員のなかには、牧島の顔もある。STGのタイトルホルダーである彼は、今やナポリのマエストロたちと肩を並べ、審査する側の一人である。

審査員らが試食する間、中村はイタリア語の質問を受けたり返したりしている。イタリア語を話す彼を初めて見たが、日本語のインタビューよりもするすると答えているんじゃないだろうか。

完食したナポリ人の審査員が、インタビュアーのマイクに答えた。

「底の焼け具合も、縁の焦がし方も素晴らしい。バランスもいい。今のところベストピッツァだ」

中村は通訳を介さず賛辞を理解すると、控えめに笑った。

というか、会心の笑顔にはならなかった。今思えば、誰にどう褒められたところで、仕事の出来は自身が最も正確にわかってしまっていた、ということなのかもしれない。

ナポリの父との記念撮影

その日の深夜、二十三時を過ぎての結果発表で、中村がＳＴＧの表彰台に呼ばれることはなかった。優勝はナポリ人のチーロ・マニエッティ。ナポリ郊外のメリート・ディ・ナポリで、自身のピッツェリア「Olio e Pomodoro Doc」（当時）を営む職人である。

生地の触り方を見れば、彼が実力者であることは一目瞭然だった。

指先まで神経が行き届いた、圧倒的に優しいタッチ。マルゲリータのバジリコは最後に散らすのでなく、あらかじめトマトソースに混ぜてあるのだが、これは古典的な手法だそうだ。ソースはごくごく薄く引かれ、縁の内側にエクストラヴァージン・オリーブオイルをさっと塗ってから窯へ入れる。油によって熱を引き上げ、しっかり火を通し、生地の旨みを際立たせる技術である。

こんな凄腕《すごうで》が、無名の職人として水面下にゴロゴロいるのがナポリなのだ。

彼らにとってピッツァとは日々の仕事であって、競技ではない。「腕を試したい」などとなんの得にもならない発想で参加する者はほとんどなく、「店の宣伝」「自分の名を売って独立」など具体的かつ現実的な目的が目の前にぶら下がってはじめて、やっと街場の厨房からのっそりと現れる。

とりわけカプート杯は別格の影響力を持ち、ナポリだけでなく世界に認知され、海外からもお客を呼ぶチャンスになる。職人の栄誉と、店の経済がセットでもたらされる。

チーロは二〇一三年に店を構えたが、一五年にカプート杯へ初出場しPizza a metro（ロングピッツァ）部門で優勝、一六年はグルテンフリー部門・STGともに二位、一八年は季節のピッツァ部門で優勝している。もはやSTGでの優勝は彼にとっても悲願だったであろう、満を持しての結果である。

ちなみに今回のカプート杯には、「イ・デクマーニ」で中村の相棒だったフランチェスコも出場し、クラシカ部門で三位を獲っている。彼もまた地元のサニタ地区で、若い頃に働いていた店を買い取り、ピッツェリア・エ・トラットリア「ラ・タヴェルナ・ディ・トト」のオーナー・ピッツァイオーロになったばかりだった。

彼は選手権への出場だけでなく、「ナポリ・ピッツァ・ヴィレッジ」のブースにも出店。例の人気投票では、なみいる有名店や強豪店を抑え、ニューフェイスにして四五店中の一位をもぎ取っている。

話をSTGに戻すと、日本の岡林《おかばやし》亜希代《あきよ》が三位に輝いた。ナポリにおけるピッツァ職人は、日本の鮨職人とも似た男性社会ゆえに女性の職人は少数派。だが現地でも日本でも、活躍する女性職人が次第に増えてきた。

プロのサッカー選手から転向した彼女は、ピッツァ職人歴十一年（当時）。名古屋の「ピッツェリア ブラチェリア チェザリ!!」に勤める、牧島の弟子である。牧島の門下生はこれまでも多くが出場し結果を残してきたが、女性職人の活躍も目覚ましい。ほかにも「ソロピッツァ ナポレターナ」の太田真代が、二〇一四年のカプート杯世界大会クラシカ部門で優勝している。

岡林のＳＴＧ、マルゲリータもまた見事な完成度であった。大き過ぎないサイズ感、縁は高めにこんがりと焼け、トマトソースの濃度、バジリコとモッツァレッラの色彩バランスが美しい一枚。それがナポリで評価されたのだ。イタリア現地の報道でも、「ＳＴＧでの彼女の勝利は、国際大会やプロフェッショナルの世界において、女性の存在感が高まりつつあることを象徴している」と伝えられた。

ＳＴＧには、部門別で最多の一六一名が出場した。公開された採点表を見ると、二五〇〇点満点中、一位のチーロは二一〇〇点、三位の岡林は二〇〇〇点。中村は一九〇〇点、六位であった。

審査員を務めた牧島によると、トマトソースの水分が多過ぎた、とのこと。するとトッピングが崩れやすくなるうえ、味や食感にも影響する。

中村もまた、理由を自覚していた。彼が選んだトマトの水煮はサンマルツァーノ種のＤ

ＯＰ（イタリアの保護原産地呼称。特定地域の原産品が、その地域内で、規定の製法により生産・加工・調整されたことを保証する）。ナポリ現地で調達したさまざまな銘柄を試食して、最も「香り」の高い一品に決めた。ほかの水煮より水分が多いな、とは思ったけれど、焼き方でいいほうへ持っていける。しかし素材が持つ「香り」だけは素材のポテンシャルでしか発揮できない。そう判断したのだ。

しかし本番で、前の選手が低い温度で使ったのだろう、窯の温度が上がりにくく、トマトソースの水分が蒸発しきらなかった。それであの時、中村は火を待っていたのである。

不運だった？

訊ねると、「運じゃなくて、ミスです」と返ってきた。

「温度が上がるまで、もっと粘るべきだった。いや、その前に、そもそも素材の選択を間違えていた」

降りかかる局面、局面で正解を一個ずつ選択していく作業について、かつて私は金庫のダイヤル合わせにたとえた。理屈はそうなのだが、現実は痛いほど厳しく、重いと知った。

中村の世界大会は、しかしこれでジ・エンドではなかった。

別部門で三位を獲ったのだ。

新たに創設された、コンテンポラネア部門。近年ナポリで注目されている、食感が軽く縁の大きなピッツァで、日本では通称〝デカ縁〟。中村自身も数年前から興味を持っていたピッツァである。

世界大会の二週間ほど前に急遽追加されたこの部門で、彼は鰯《いわし》のピッツァを作った。具材は、新鮮な鰯とピエンノロー（ナポリのDOPを持つ黄色いミニトマト）のソース、コラトゥーラ（魚醬）のみ。食材も調理も潔く絞り、シンプルに徹する。たとえばソースといっても煮詰めたりせず、水煮を潰して少し塩をしただけだ。職人は材料の調和に注力し、あとは窯に焼いてもらう。

中村の挑戦は「魚」だった。日本と違い、港町であっても生魚の食文化がないナポリでは、薪で焼くとはいえ調理も加工もしていない魚をトッピングしたピッツァは好まれない。本人もまた「大会ではまず入賞できないイメージがあった」と言う。

それがわかっていてなぜ、あえて挑んだのか。

「僕が魚好きだから。魚でおいしいピッツァができるんだよ、って（証明したい）。ナポリの人に食べてもらって、認めてもらえたらうれしいですよね」

三位という結果を得て、その思いは果たすことができた。

それでも、だ。

悔しさが消えることはない。彼はＳＴＧで誰にも負けないピッツァを、何より、これまでの職人人生で最高の一枚を焼きたかったのだ。


表彰式を終えた「ピッツェリアＧＧ」の一行がスタジアムを出てくると、もう二十四時をとっくに回っていた。まだまだ興奮冷めやらぬ選手や観客たちが溢れ返るなか、じっと彼らを待っていたのは、中村のナポリのお父さん、サルヴァトーレ・マンチーニだ。厳しい目をした職人の顔。中村は、この男にナポリで育ててもらったのだ。

「サルヴァトーレが来てるって？」

誰かから伝え聞いて探していた中村は、やっと懐かしい姿を見つけても、とくに跳び上がりも抱きつきもしないし、泣きも笑いもしない。

ぼそっと、ふた言。

「来てくれてありがとう。観た？」

イタリア語とは少し違う気がする響き方は、ナポリ語だろうか。

サルヴァトーレのほうもまた、頷きもせずポンポンと〝息子〟の肩を叩く。再会の喜びっぽいアクションなど全然ない二人の、それでも同じ思いを分け合うような空気感。

中村は煙草に火をつける。

そういえばサルヴァトーレもまた、ヘビースモーカーだと聞いている。一日何箱も空にするため、「イ・デクマーニ」時代の中村はしょっちゅう煙草を買いに走らされた、という話を思い出した。

みんなでお父さんと一緒に写真を撮りましょう、と私が言って、カメラを構えた。河野、濱口、徳増、真んなかにサルヴァトーレと、くわえ煙草の中村が肩を組む。

すると、遥かにヘビーなスモーカーであるはずの〝父〟が、〝息子〟の口から煙草をひょいと取り上げ、黙って捨てた。

こういう時は駄目だ、とあの目が言っている。

いくらでも吸っていい場とそれ以外の線引きを、サルヴァトーレはここでもまた教えている。叱られた子どもみたいにバツの悪そうな中村は、しかしこの夜やっと少し、ほろ苦く笑った。

第十二章　ピッツァの迷宮

進みたいのに進めない

新型コロナという、未知のウイルスに世界が直面したのはカプート杯からわずか数カ月後のことだ。

二〇二〇年。「ピッツェリアGG」の河野は時に一カ月半の自主休業に踏み切りながらも、全員の雇用を守った。おかげでスタッフはいたって元気。中村もまた、「家族との時間が持てて、こういう時間が大切なんだと気づきました」と語っていたくらいだ。

ところが、コロナ禍は想像以上に長引き過ぎた。

波も六回目となり、もうすぐ丸二年が経とうとするあたりから、中村は原因不明の体調不良に悩み始めた。食べようとすると喉《のど》が詰まる。無理に食べると胃が痛む。家族と外食に出ても、慣れない店では心臓がバクバクしてしまい、焦るほど食べられなくなる。

そして突然、閉所でパニックが起きた。狭い空間に身を置くと、呼吸が思うようにできなくなるのだ。

「きっと飛行機も無理だろうし、ナポリにはもう、行けないかもしれない」

中村から、まさかそんな言葉を聞く取材になるとは思ってもみなかった。

何が原因なのか。彼自身の分析では、心当たりは二つある。

一つ目は、家族やスタッフ以外の人、社会と接する機会が極端に減ったこと。

二つ目は、二〇二〇年に開店するはずだった、新店舗の計画が止まってしまったこと。コロナ禍で不動産事情が激変したのか、物件がまったくと言っていいほど見つからなくなったのだ。

世の中がようやく「通常通り」に向けて動き始めても、中村だけは立ち往生していた。

「最初は、（開店が）少しくらい遅れたってまあいいか、と考えていたけどもう二年以上です。次がある、次がある、と切り替えてきて、とうとう後がないところまできてしまった。家族は千葉で、僕は東京に単身赴任してますし、早く前に進みたいのに進めない」

窯の火が消えたように、この時の中村は「息」をしていなかった。


二〇二二年八月。

「ピッツェリアGG」の全員でナポリに行ってきた、と聞いて、久しぶりに吉祥寺へ向かう井の頭線に乗った。

イタリアの入国制限が解除されるや、河野は約三年ぶりとなるナポリ研修を決めたのだった。中村の閉所恐怖症は「みんなと一緒に行けばなんとかなるだろう」と考えたそうだが、実際、彼は飛行機に乗ることができた。一体どうして攻略したのだろう？

「主治医が睡眠導入剤を処方してくれて、機内では眠りっぱなしだったんです。本当にめちゃめちゃぐっすりです」

あんなに不安だったのに、と笑う彼は、それでもまだ声に力がない。いくらナポリでもそう簡単に治せるものではないよね、と思っていたら、焼き上がったピッツァを見てびっくりした。

こっちには「めちゃめちゃ」元気がみなぎっているのだ。

頼んだのは「コサッカ」という名の、古典的なピッツァだった。

一八四四年、ロシア皇帝ニコライ一世夫妻が、ナポリ王国を訪れた際に献上されたピッツァ。オリジナルはトマトソース、すりおろしたペコリーノ、エクストラヴァージン・オリーブオイルで「マルゲリータとマリナーラの中間」をイメージしたとされる。すりおろしたチーズはロシアの雪に見立てたもの、とする説もあるが、歴史の過程で牛乳のグラナパダーノやカチョカヴァッロに替わったり、バジリコを加える店も現れた。

「ピッツェリアGG」のそれは、トマトソースにすりおろしたグラナパダーノ、にんにく、エクストラヴァージン・オリーブオイルから成る、まさにコクをアップグレードしたマリナーラ、といった具合である。

この日、中村のコサッカはまず、緑の焼き色がなんとも痛快。トマトソースの上ではすりおろしたチーズの〝雪解け〟が始まっていて、つやつやした光となって浮かんでいる。熟成を経たミルクの香り、食欲をそそるにんにくの香り。生地の塩分は少なめ、ソースの旨味は強めの確信犯的なコントラスト。さまざまな風味が飛び込んでくるうえ、ふんわりとした食感も喜ばしい。

生きている！　と叫んでいるようなこの感じ、どこかで覚えがあるぞ、と記憶を辿ってすぐつながった。およそ十年前、中村のピッツァを初めて食べた時の、どうにも説明のつかないあの「勢い」だ。

「今回、ナポリの空気を吸ってスイッチが入りました。高温の窯で、火はしっかり入っているけどクロッカンテ（カリッとした食感）には仕上げない、やわらかい感じ。ナポリらしさってこうだったなぁ、と」

閉所恐怖症も胃痛も治ったわけではないけれど、窯の前に立って焼く時だけは力がみなぎり、集中できると言う。

謎だ。五〇〇度近い熱を放つ、〝生〟の火のエネルギーと一対一の勝負を繰り返すのだから、体力気力が吸い取られてしまいそうなのに。

そう呟くと、彼は「逆ですよ」と驚いた顔をした。

「薪の火はエネルギーをくれる。元気をもらえるんです。食べて発熱するみたいに」

コンテンポラネアの可能性

ナポリで、中村には目的のピッツァがあった。

コンテンポラネア。二〇一九年のカプート杯世界大会で彼が三位を獲った、ナポリでも最新のピッツァである。

見た目で言えば、縁が特異なほど高く大きく（おおよそ三・五センチ以上。一般のピッツァは一〜二センチ）、日本のピッツァ職人たちの間では「デカ縁」、現地では「canotto（カノット。ゴムボートの意）」とも呼ばれている。

とにかく食感が信じ難いほどふわふわで、軽く、イタリアではよく「雲」にたとえられる。大きな縁は無数の気泡が支えているため、それらを潰さないよう、食べる時はナイフでなく、ましてやピザカッターでもなく、ハサミで切り分ける。カプート杯コンテンポラネア部門でのトロフィーは、だからハサミの形だ。

綺麗にカットされた縁の断面を見れば、気泡の大きさや形、伸び方などによって、どんな手順で発酵させ、どう熟成の過程を経たか、職人ならば推察できるらしい。まるで暗号か、ミステリーのトリックでも紐解くように。

「コンテンポラネアは、生地の水分量がすごく多いんですよ。パンの生地でもよくあるんですけど、〝高加水〟って知っていますか？」

それは名の通り、水分量を高めた生地のこと。正体が保てないほどゆるくなるため扱いは難しいが、焼き上げれば軽く、みずみずしいまでにしっとりとした食感が生まれる。また多量の水とともに加熱することで、デンプンがよりアルファ化（糊化）され、消化のよい生地になる。

ナポリでは二〇一四年あたりから登場し、若い世代を中心に、あっという間にナポリのピッツァ職人たちの間で広がった。

ただしコンテンポラネアは、真のナポリピッツァ協会が定める「ナポリピッツァ」の規定からは外れてしまう。

生地の製法が違うのだ。伝統的なナポリピッツァはディレット（ストレート法）に決まっており、ざっくり言えば、水に塩と酵母、小麦粉を加えたら、練るのは一度。それ以外はインディレットと呼ばれ、コンテンポラネアはこちらにあたる。

「コンテンポラネアで代表的な作り方は、発酵種（小麦粉、水、酵母を混ぜて発酵させたもの）をまず一回練る。次に水と小麦粉、塩、職人によっては酵母も足して本練りしてから発酵、という二段階で練る生地です。

小麦粉はコンテンポラネア用に開発された、よく膨らむ粉を使ってもいいし、一般的なピッツァの粉でもいい。発酵も低温で長時間発酵させる方法、逆に発酵の早い発酵種を作って比較的短時間での発酵を選ぶ人……職人の好みだけでなく、店の環境やスタッフなど条件によってでも選択は変わってきます。つまり、いろんな道が選べるということ。可能性がぐんと拓けるんです」

この「可能性」という部分が、近年の中村をわくわくさせていた。

トッピングや形といった表面的な違いでなく、発酵の構造、考え方といった根本からごそっと違う。創作の域を超えた、発明級のできごとだ。

新しいピッツァを作る。自分のピッツァを表現する。

職人たちにとってそれは、まっさらな雪原に足跡をつけるような高揚感なのだろうか。

コンテンポラネアに熱を上げたナポリのピッツァ職人たちは、自分のピッツァをSNSに載せて世界中にアピールし、情報公開も厭《いと》わず広めていった。

日本にいる中村が、彼らのSNSやオンラインセミナーなどを熱心に観て、コンテンポラネアを作るようになったのは二〇一七年頃からだ。もちろん「ピッツェリアGG」は伝統的なナポリピッツァだから、メニューには載せられない。そのため閉店後に試作を繰り返し、練習していた。

思い描く到達点がある。

「もちもちっとしてるんだけど、歯切れと口溶けのいい生地です。もちもち、といってもお餅みたいな粘り気じゃなくて、食パンの中身みたいにふんわりとやわらかいもちもちです。うまくいった時はもう、食べた途端に溶けちゃうような、今、口のなかに生地あったっけ？　って思うくらいの口溶けになる。自分が作ったピッツァでびっくりします」

そうじゃなければいけない何か

二〇二二年のナポリには、さらに進化したコンテンポラネアがあった。

目当てのピッツェリアへ行く途中に偶然見つけた「ラルベロ・デイ・ビスコンティ」。初めて名前を聞く店だった。

「あっさりしているけどちゃんと味わいがある生地で、口溶けもいい。てっきり（発酵力を高める）コンテンポラネア用の粉を使っているのかと思ったら、違ったんです」

クラシックなピッツァと同じ粉を用いながら、時間をかけ、職人の技術を働かせて最新ピッツァを実現していたのである。専用の粉でなくても縁を大きく作ることなら可能だが、味、食感、何より口溶けを、高い完成度まで持っていくことは難しい。

この店ではビガ（水と小麦粉と酵母で作る、イタリア独特の硬い発酵種）によって膨らみと、複雑で奥行きのある味や香りを出していた。一歩間違えれば熟成臭（アルコール臭）が際立ってしまう諸刃《もろは》の剣《つるぎ》だが、彼らのピッツァにはネガティブな匂いも一切ない。

「作り方を詳しく訊く時間はなかったけど、たぶんビガに使う酵母は相当少ない量に抑えて、発酵は長時間、三十時間以上とか。本練りして、生地にまとめた段階からさらに十数時間発酵させているはずです。だけど、発酵はさせ過ぎない」

それもすごいんですけど、と中村は止まらなくなっていく。

「打ち粉に、コンテンポラネアでは一般的なセモリナ粉だけでなく、コーンの粉も使っていたんです。粗い粉で、ピッツァの底面にぷちぷちした食感を出してくる」

その、どこが感動ポイントなのだろう？

戸惑う取材者に、彼は一から解説した。

「伝統的なナポリピッツァの打ち粉は小麦粉で、いい職人はできるだけ粉をつけないように、打ち粉が焦げて苦くならないように焼き上げます。その、本来は〝つけちゃいけない〟打ち粉を、香りや食感に〝生かす〟っていう視点が、僕にはなかった。生地に混ぜ込むのでなく、打ち粉かぁ！　って。しかも全然特別な技術なんかじゃない、本当にちょっとしたアイデアですよね？　だからすごいんです」

中村が職人として辿った道のりは、ちょうど「真のナポリピッツァ」の概念が生まれ、浸透してきた時代と重なる。「真」に憧れ、「真」がすべてだった。

王道以外は邪道。その厳しさを自分に課していたから、二十二歳で東中野の「ピッツェリアGG」を立ち上げた頃は、内装も道具も材料も「これじゃなきゃナポリじゃない」と頑なにこだわったのだ。

だが当のナポリで同時代に生きる職人たちの自由な発想は、彼に「違う観点」の存在を教えてくれた。伝統的ではない＝NOではなく、あっち側から見ればYESかもしれないよ、ということ。

頭をやわらかくしなきゃなぁ、と職人歴二十年の三十六歳は言う。

「もちろん、伝統を守るには〝こだわる〟ことも大事ですが、でも固執することで何かを見落としてしまったり、それによって出合えたはずのチャンスを失う可能性もある。どんなことでも〝絶対に正しいとは限らない〟と認めることを忘れないでおこうと」

この新しいピッツァ、コンテンポラネアは、流行に終わることなく未来のスタンダードになれるのだろうか。訊ねると、中村は「わからない」と答えた。ただ、普遍的な型となるためには、必要な要素があると言う。

「〝おもしろい〟とか〝変わってる〟じゃなくて、〝おいしい〟だけでも駄目で、そうじゃなければいけない何か。必然性みたいなものです」

たしかに、クラシックなピッツァが「腹を満たす」ためのしっかりとした食べ心地であるのに対し、「軽さ」を追求する流れが登場したのは、現代人の生活そのものが変わり、食の嗜好が変わってきた必然の変化でもある。

「ただ、もし軽さを求めるなら、あそこまで縁を高くする必然性はないんじゃないかな、とも思うんです。もしかしたらデカ縁ではない、別の形のコンテンポラネアだって出てくるかもしれないですよね」

じつはクラシックでも、ふわふわした生地のピッツァはかつて存在した。中村がコンテンポラネアに惹かれた原点には、そのピッツァの記憶があるという。

「『カパッソ』という店のピッツァです。初めて食べた時のふわっとしたおいしさが忘れられなくて、僕は、あのイメージをずっと追い求めているような気がするんですよね」

ナポリで最古の門、サン・ジェンナーロ門の近くで一八四七年に創業したピッツェリアだが、彼らカパッソ家はナポリピッツァの黎明期、一七七八年から脈々とピッツァ職人の仕事をつなぐ由緒正しき系譜。

中村が「カパッソ」のピッツァに出合った二〇〇〇年代初頭、ナポリ中心部では大きくて食べ応えがあり、よく焼いて表面をサクッとさせたピッツァがメインストリームになっていた。そのなかで彼らのピッツァはわが道をゆく存在。どの店よりも断然やわらかく軽い食感で、中村の推測では加水率が高く、しっかり発酵させた生地。縁は、コンテンポラネアほど極端ではないにせよ、こんもりと膨らんでいた。

まさにその時期の「カパッソ」で、三カ月間修業した日本人がいる。

現在、作りたてモッツァレッラチーズのブランド「CHEESE STAND（チーズスタンド）」の代表を務め、現役のチーズ職人でもある藤川真至《ふじかわしんじ》。「カパッソ」で毎朝ベテラン職人と一緒に生地を仕込んだ彼によると、やはり高加水であった。

「それもかなりの水分量なので、むちゃくちゃやわらかく、扱いづらい生地です。ナポリ人がよく使う言葉ですけど〝女の人を扱うように、優しく丁寧に〟と教わりました」

基本的には、朝に仕込んだ生地をゆっくりと寝かせ、次の日に使う。成形して木製のバンジュウに入れる決まりごとも、地下の貯蔵室で寝かせる手順も百五十年変わらないが、現代においても理に適《かな》っている。一定の温度と湿度を保つ地下は、生地にとって最高のベッドルームなのだ。

水分を抱き込んだこの生地を、高温に強い昔ながらの薪窯で一気に、しっかりと火を通す。すると生地はしっとりとしたまま、ふわりと軽いピッツァになる。

中村が働いていた「イ・デクマーニ」でも、おじいさんの職人が作るピッツァは小ぶりで、縁が高めだった。オーナーに「もっと延ばして、大きく広げて」と注意されても、その職人が作るとどうしても小ぶりで縁高になる。それが体に染みついた仕事だからだ。

歴史のなかで、きっと〝縁が高めでやわらかい〟ピッツァの時代があったんだろうな、と中村は感じていた。

「おじいさんの時代のピッツァが一周回って、今につながっているんじゃないかとも思います。技術的に言えば、クラシックな方法として高加水で一次発酵を長くする方法は存在していて、それをより合理的に解釈して、違う技術も取り入れているのが今のコンテンポラネア。まったく同じではなく、手法を変えながら、ですけど」

歴史は繰り返すのだろうか。

ただ、過去と決定的に違うのは、安くておいしくておなかがいっぱいになる「糧《かて》」であった食べものが、今やつくり手の「表現」となっていること。それがナポリ現地のピッツァに今、地殻変動を起こしているということだ。

「革新」と「伝統」の共存共栄

二〇二二年のナポリでは、コンテンポラネアとはまた別に、「グルメ・ピッツァ」または「クオリティ・ピッツァ」と分類される潮流も生まれている。こちらは伝統的なナポリピッツァのルールを守りながら、創作性を高めたピッツァ。

これまでナポリピッツァでは「あり得ない」とされていた生魚、たとえば鰯と無花果《いちじく》、リコッタチーズを組み合わせた、まるで和食の白和えのようなトッピングのピッツァなども登場している。私も食べたが、ディレットながらふわふわの生地が、具材の繊細さと同じトーンで調和していた。

デザイン、味、食感、香り、温度までもが計算された、〝料理〟の思考回路を持つピッツァ。自分たちのアイデンティティを軸とした表現、現代の感覚を採り入れたインテリア、ワインリスト、フォーマルな接客まで、もはや星つきリストランテに匹敵する。

だがナポリピッツァの店がミシュランの星を獲ったことは、私の記憶ではない。事実確認のため日本ミシュランタイヤ広報部に問い合わせると、イタリアから次の回答がきた。

「これまでのところ、レストランがナポリのピッツァで星を獲得したという証拠はありません。一九六二年当時、イタリア南部のサレルノ近郊、ポンテカニャーノにある『ピッツェリア・ネグリ』というレストランに星がありました。しかし、それは料理の品質のために授与された可能性が最も高いのですが、過去の掲載について正確にお伝えすることができません。よって、ナポリのピッツァで星の評価となったレストランは確認できない、という回答になります」

ナポリピッツァの純然たるピッツェリアが星の評価を得た記録はない。ラーメンや餃子の専門店に星がつく日本からすれば意外かもしれないが、ヨーロッパにおいてその星は、長らくガストロノミーのものだったのだ（「ピッツェリア・ネグリ」も当時、ＶＩＰ御用達の高級店）。

とはいえ現代のガストロノミックなピッツァは、リストランテとピッツェリアが並び立つ未来を、そう遠くなく予感させる。

いや、ピッツェリアのステージはすでに用意されている。

「50 TOP PIZZA（50トップ・ピッツァ）」は、いわばガストロノミーの世界的アワード「The World's 50 Best Restaurants（世界のベストレストラン50）」のピッツァ版。ナポリの新聞『Il Mattino（イル・マッティーノ）』の記者らが二〇一七年に立ち上げた、イタリア全土を対象としたピッツェリア・ランキングである。

匿名審査員が、ピッツァの味だけでなくクオリティ、店の内外装・設備、サービス、ワイン・ビールリスト、雰囲気などを総合的に評価。年々、海外からも期待と注目が高まっている。

二〇二二年からは「アジア・パシフィックトップ50」も発表され、日本勢は三位を最高位に十二軒がランク・イン。牧島の「ピッツェリア ブラチェリア チェザリ!!」は一七位、山本の「ダ・イーサ」は一八位、柿沼の「聖林館」は二〇位、河野・中村の「ピッツェリアGG」は三三位だった。

イタリアの「50 TOP PIZZA」を見ると、革新派の台頭を実感せずにはいられない。たとえば一〇位中、カンパーニア州のピッツェリアは六軒を占めるが、すべて革新派だ。

一位は、四年連続でトップを独走中の「I Masanielli（イ・マサニエッリ）」。ナポリから北に三〇キロほど離れたモッツァレッラの名産地・カゼルタにあり、ピッツェリアというよりも、職人・フランチェスコ・マルトゥッチの湧き上がるアイデアを具現化していく実験室のような店である。

中村は、このピッツェリアにも足を運んでいた。

「おもしろかったのは、蒸して、揚げて、焼くピッツァ生地。揚げてから焼く〝モンタナーラ〟というピッツァなら昔から存在しますが、この店の場合は最初に蒸している。外側がカリッとした、香ばしさが強調されたピッツァでした」

蒸す（一〇〇度）、揚げる（一八〇度）、窯で焼く（四〇〇度以上）とアプローチを変え、温度を段階的に上げていくことで、今までにない食感が創られた。

「決して軽い生地ではないんですよ。そうとう長い時間しっかり発酵させ、熟成させた味わいでした。わかりますかね？　たとえば普通のバゲットはダイレクトな小麦粉の味だけど、バゲットのいいやつとかカンパーニュは独特のニュアンスが出る。そんな感じです」

二〇二二年のナポリは、こういった「革新」と「伝統」のピッツァが共存し、共栄していく予感に満ちていた。

たとえ革新派のピッツァでも、職人たちの根っこには自分たちの父、祖父、さらに前の時代から引き継がれてきた伝統への敬意がある。クラシックな手法を理解し、修得した者だからこそできる革新は、決して「なんでもあり」ではない。中村の言う「必然性」に導かれたクリエイティブだ。

時代、時代に、街場で幾多の職人たちが工夫を凝らしてきたナポリピッツァの、歴史の先に今がある。

その「今」には、遠い日本の職人たちも、少なからず参加しているのだ。

夢中のある人生

独立を視野に入れた頃から、中村には、考え続けていたことがある。

「僕は生涯、ピッツァ職人として生きていく。それは決まっている。けど、じゃあそう在るためにはどうしたらいいのか？」

うっすらと摑みかけていた雲のような答えに、ナポリの「今」が確信を与えてくれた。

「変わり続けることを恐れない、ってことなんだと思いました」

日本人が一九九五年にナポリピッツァを知ってから、二〇二二年現在までたった二十七年。この短い間にも、日本人は「もちもち」に全面降伏して、「ナポリへ来い！」で若者たちが海を越え、ピッツェリアは全国津々浦々にまで浸透。そして今また新しいピッツァも生まれている。

もっと未来には想像もしない局面が待っているかもしれないわけで、ピッツァの世界はまだまだ刺激に満ちている。

「おもしろいと感じることはどんどんやって、自分も変化していきたいと思うんです。技術的にも、感覚も。でないと一生作り続けることって難しいんじゃないかなと感じました。〝変わる〟というのは時代に合わせなきゃいけないって意味ではなくて、自分の興味に向かって突き進むことをやめない、ということです」

さまざまな経験を経て、中村は原点に還《かえ》ったのだろうか。

初めて取材した二〇一一年、二十五歳の彼の言葉が、私のノートに残っている。

「ナポリピッツァはおいしくて、おもしろい。粉とイーストと水と塩だけの世界なんですけど、シンプルだから無限というか、追求しても追求してもその先が出てくるし、分かれ道も出てくるし。

僕は、全部やりたいんです。将来、自分がどういうタイプのピッツァでいくか、全部やってみてから決めたい」

ナポリを発つ前、中村は、盟友・フランチェスコがオーナーになった「ラ・タヴェルナ・ディ・トト」へ足を運んだ。滞在最終日で体力気力も、胃腸も疲れきっていたはずなのに、どうしても彼のピッツァが食べたくなった。

変わりゆくナポリの渦中にいるフランチェスコは、コンテンポラネアも革新の大波も当然知っている。だが彼自身は、それはそれ、とばかりに相変わらずクラシックなナポリピッツァをバンバン焼きまくっていた。下町の人は新しいとか珍しいでなく、いつものピッツァが食べたいと承知しているからだ。

店は大繁盛で、生地を延ばすフランチェスコの手は休む間もなく、配達用のピッツァの箱が次々と店を飛び出していく。みんなが喜んでいるピッツァは、しかしその実、「相変わらず」でも「いつもの」でもなかった。

彼はより科学的、理論的なアプローチでピッツァを作るようになっていたのだ。粉は手のひらでこのくらい、生地の仕上がりはこんな感じ、といった職人の感覚に頼らず、計量し、計算し、レシピを研究したうえで狙ったポイントへ完璧に着地させる。伝統のピッツァを担う側の職人も、マイナーチェンジを繰り返し、深化して、今ではずいぶん変わっていたのである。

「食べると、〝やっぱナポリピッツァってこれだよな！〟って思うんです。高温で仕上げて、ちょっと焼きムラがあって、バーン！ とした感じ。サイズもめちゃめちゃ大きいんですけど、でも今のフランチェスコのピッツァは、僕の弱った胃でも食べられるくらい軽くてしなやかでした」

中村いわく、「ショックを受ける味」というものが人生にときどき出てくる。新しいピッツァにショックを受けていた彼の舌に、フランチェスコの、クラシックの底力がガツンとまた、カウンターパンチを食らわせた。

だからナポリピッツァはおもしろい。

革新もいい、伝統もやっぱりいい。それぞれが自分の求めるピッツァを、信じるがままに作っている。それがナポリだ。

「僕はとりあえず、どんな姿であれピッツァが好きなんです」

十六でナポリピッツァと出合って、十七で職人になって、十八でナポリへ飛んだ。あの時からずっと夢中。

そうか。彼は、いや〝彼ら〟職人たちはナポリで、夢中のある人生を摑んだのか。

あとがき

中村拓巳のピッツァと出合ってから、じつに十二年だ。

学校、ナポリピッツァ、職人。

これら謎かけのようなキーワードに導かれながら、私自身も「迷宮」を彷徨《さまよ》った。謎に満ちた迷宮。見知らぬ林を抜けると、また別の森や山が見えてくる。見えたら踏み込まずにいられなくなって、出口のわからぬまま歩き続け、振り返れば長い文章ができていた。なぜ、こんなにもざわざわしてしまったのか。最後の最後でやっと、十二年越しの答えが見つかった気がする。

〝出合ってしまった人たち〟という言葉を教えてくれた人がいる。

人生を動かすほど夢中になれる何かと、という意味だと思う。だとすれば、中村は間違いなく出合ってしまった人だ。

何がやりたいのかわからない、と生きてきた私は、そっち側の人たちはきっと特別なのだと思っていた。だけど中村は、「やりたいこと」を一度失った人でもある。真っ暗な場所で、彼はただ、微かに振れた自分の心に従った。

「こっちなのかな」

その小さな一歩が、ナポリピッツァと〝出合ってしまう〟道へとつながったのである。

さらには取材を重ねるうち、本書に登場する職人のほとんどが、そうした心の振れを見過ごさなかった人たちだと知った。

出合いとは、はじめから運命的な顔をしているわけじゃない。

逆に言えば、人は誰でも特別になれる、ということだ。

「ナポリのピッツァ職人の技巧」は、二〇一七年十二月、ユネスコの無形文化遺産に決定されている。

日本の「和食」も先に登録されたが、こちらは自然を敬《うやま》う日本人の精神性や、地域行事での郷土料理といった伝統、それらを踏まえた「食文化」としての評価。対してナポリピッツァではより具体的な、職人の「Ａｒｔ」、すなわち「技巧」が認められた。

ナポリの風土と人々の気質が生んだ独自の製法、技巧は、職人たちによって何世代にもわたり受け継がれてきた。発表時、ユネスコはナポリ市内に約三〇〇〇人のピッツァ職人がいると言及している。日々、粉だらけの手で一枚一枚の生地を延ばし、汗だくになって焼き続けている彼ら一人ひとり――ナポリ以外の地でナポリピッツァを作る職人、もちろん日本のピッツァ職人たちも含めて――が無形文化遺産を背負う当事者である。

職人がスポットライトを浴びる日がくるなんて、本人たちも想像しなかったに違いない。そして彼らは認定の翌日からも変わらずに、一枚一枚仕事をするだけなのだろう。

今、私たちは日本で、その技巧を数百円〜一〇〇〇円そこそこで味わえる。薪火による焼きたてで、丸くて縁が膨らみ、もちもちっとした生地のそれは、日常の幸せだ。

すべての人々に幸福を与え続ける、ナポリピッツァ職人たちに心からの敬意を。

また本書においては、あてどなく始まりいつ終わるかわからない取材に、大らかな心でつき合ってくれた中村拓巳さん、河野智之さん。本書に巻き込んでしまった、多くのピッツァ職人たち、企業、関係者のみなさま。ご協力いただき、深く感謝を申し上げます。

本として世に出してくださるミシマ社、思春期みたいな文章を導いてくれた編集の星野友里さん、いつもしびれるデザインの尾原史和さん、ありがとうございました。

二〇二三年二月

井川直子

参考文献

『エスクァイア 日本版』一九九四年六月号／エスクァイア マガジン ジャパン
『至福のナポリピッツァ』渡辺陽一／生活人新書
『真のナポリピッツァ 技術教本 改訂版』「真のナポリピッツァ協会」日本支部／旭屋出版
『ナポリの肖像 血と知の南イタリア』澤井繁男／中公新書
『日本外食全史』阿古真理／亜紀書房
『ピザの歴史』キャロル・ヘルストスキー（著）、田口未和（訳）／原書房
『ピッツァ ナポレターナS．T．G．』牧島昭成／柴田書店
『ファッションフード、あります。』畑中三応子／紀伊國屋書店
『料理王国』二〇〇三年七月号／料理王国社
『料理通信』二〇一一年八月号／料理通信社
『ＢＲＵＴＵＳ』一九九六年九月十五日号／マガジンハウス
『ｄａｎｃｙｕ』二〇〇一年三月号、二〇〇四年十月号／プレジデント社
『Ｐｅｎ』二〇〇八年六月十五日号／阪急コミュニケーションズ

井川直子（いかわ・なおこ）
1967年、秋田県生まれ。文筆業。レストラン取材のほか、主に料理人、生産者など「食」と「飲」まわりの人々、店づくりなどの記事を雑誌・新聞等に寄稿。著書に『シェフを「つづける」ということ』『昭和の店に惹かれる理由』（以上、ミシマ社）、『シェフたちのコロナ禍』（文藝春秋）、『東京の美しい洋食屋』（エクスナレッジ）、『変わらない店』（河出書房新社）などがある。第6回（2021年度）「食生活ジャーナリスト大賞 ジャーナリズム部門」を受賞。2023年4月、『東京で十年。』（プレジデント社）を上梓。

ピッツァ職人

2023年5月20日　初版第1刷発行

著者　井川直子

発行者　三島邦弘
発行所　株式会社ミシマ社
郵便番号　152-0035
東京都目黒区自由が丘2-6-13
電話　03-3724-5616
FAX　03-3724-5618
e-mail　hatena@mishimasha.com
URL　http://www.mishimasha.com/
振替　00160-1-372976

装丁　尾原史和（BOOTLEG）

印刷・製本　シナノ印刷株式会社
組版　有限会社エヴリ・シンク

ISBN　978-4-909394-87-3

好評既刊

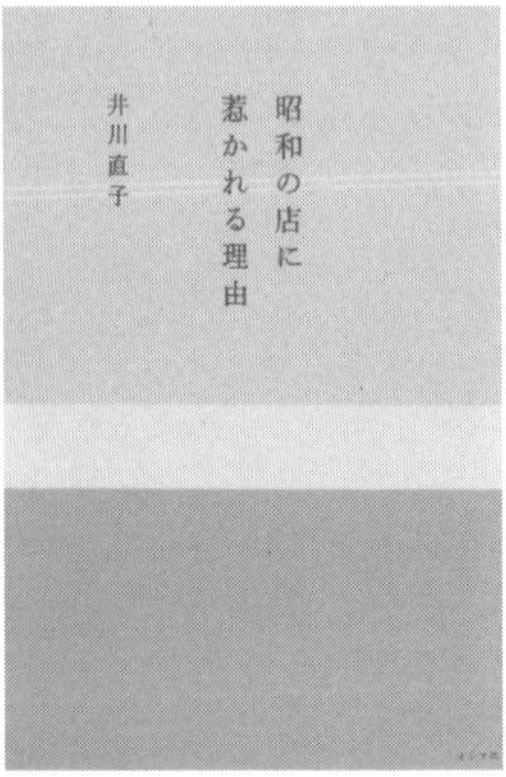

その、なんか正しい
感じに私は憧れる

普段、表に出ることのない
10軒の名店の人々。
「サービス」では永久に
たどりつかない何かを探った。

『昭和の店に惹かれる理由』井川直子
ISBN978-4-903908-88-5　1900円（価格税別）

10年続けば奇跡
30年続けば伝説

イタリアで修業した15人、
その後の「10年」を追う。
働き「つづける」すべての人に
贈る一冊！

『シェフを「つづける」ということ』井川直子
ISBN978-4-903908-58-8　1800円（価格税別）